MichelAngelo DiFranco

Cuore azzurro, sangue rossonero

Parte 1

Cuore azzurro

Traduzione in italiano di
Leonardo Defalco
Angela Zagami
Antonio Arcuri
Foto di Nikola Weigleova

www.michelangelo-difranco.com

INTRO

Io non ho mai assecondato i desideri di mio padre su di me, per essere preciso non era neanche orgoglioso di me. Con le sue idee all' antica, che lui difendeva da sempre, sembrava che io avessi sbagliato quasi tutto nella vita. E forse per questo motivo non si è mai reso conto che persona fosse diventata suo figlio. Anche il rapporto con mia madre era complicato. A volte avevo la sensazione di essere stato scambiato alla nascita in ospedale, ma l'amore verso l'Italia mi confermava le mie radici indipendentemente da quanto fossero grandi gli ostacoli da superare e di quanto cadessi in depressione. Vi posso assicurare che le difficoltà erano come montagne da scalare. Molte scelte le ho fatte da solo... i debiti, il fallimento del mio matrimonio, la bulimia, la separazione dei miei e tante altre sconfitte che mi hanno messo in ginocchio, ma non mi sono mai arreso.

Il Milan, gli Azzurri ed Eros mi hanno sempre dato la forza per andare avanti, dovevo essere un esempio per mia figlia, dovevo spiegarle che arrendersi non è un'opzione.
Per me le emozioni sono l'inizio di qualsiasi cosa,
la radice dei nostri sogni...
che con il tempo si trasformano nei nostri obiettivi.
Queste emozioni sono il motivo
per cui siamo capaci di fare grandi cose

Dedico questo libro
alla persona più importante della mia vita,
mia figlia Farina-Aura

Molte volte sono stato deriso per i miei sogni, ma oggi riesco a conviverci bene. Da una parte sono riuscito a realizzare i miei sogni, dall'altra i miei ricordi si sono arricchiti di esperienze emozionanti. Ho iniziato solo adesso a vivere i miei sogni fino in fondo!

PRIMA PARTE

4

Autunno Italiano

Milan vs. Aumann

Italia 90

Una Fiaba Danese

Il miracolo di Atene

USA 94

Altre storie italiane

Grande Juve

Autunno Italiano

La colpa di questa meravigliosa pazzia è stata sin dall'inizio di mio padre! Non mi ricordo quando iniziò a cantarmi i cori dei tifosi per farmi addormentare. Non so perché lui abbia fatto questo, credo però che non abbia mancato il suo obiettivo. Perché io, e lo dico con certezza, sono diventato un accanito tifoso già da allora! Il Milan, il mio sangue e la squadra Azzurra della Nazionale italiana, la mia religione! Con questa affermazione non voglio sminuire il mio amore per il calcio italiano! Sicuramente mio padre voleva farmi conoscere il calcio, ma il fatto poi che questa cosa abbia assunto queste dimensioni dentro di me, penso non ci avrebbe mai creduto neanche lui! Mio padre è nato nel capoluogo pugliese di Bari ed è cresciuto con due fratelli maggiori e una sorella. Erano figli di contadini, ma non mi ha mai nominato i suoi fratelli, né conosco il motivo per cui non l'abbia mai fatto! Mio padre scoprì molto presto la sua passione per il calcio. Alla fine degli anni 30, inizi degli anni 40 non esisteva ancora il "tappeto verde", cioè il tappeto erboso dei campi di calcio in uso oggi in tutta Europa. Allora si giocava sulla terra battuta con piccole pietre, le porte del rettangolo di gioco erano delimitate da due scarpe oppure da due indumenti. I pali, la traversa e la rete erano immaginarie. La maggior parte dei ragazzi aveva appena due paia di scarpe, un paio per la scuola, il lavoro ed il gioco, l'altro paio per le festività e per la santa messa della domenica. In quei tempi non si usava andare nei negozi sportivi, provarsi un paio di scarpe da calcio di vera pelle, papà non aveva abbastanza soldi per poterle pagare di tasca sua! Quello che mi viene raccontato da mio padre ed anche testimoniato dai suoi amici è che lui era un bravissimo attaccante. Era talmente bravo che l'allenatore ed il parroco di Barletta vennero a Ruvo di Puglia per vederlo giocare ed invitarlo a fare un provino. Barletta dista 30 Km a Nord di Ruvo di Puglia, il paese dei miei nonni. Purtroppo mio nonno non approvò l'offerta che fecero a mio padre, perché a quei tempi per un ragazzo non era così semplice inseguire qualsiasi hobby. I soldi erano pochi e c'era la guerra, così mio padre, come tanti altri ragazzi di quell'epoca, dovette abbandonare gli studi già alla terza classe delle scuole elementari per lavorare nel terreno di proprietà della famiglia oppure come bracciante alle dipendenze di altri, tutto questo per guadagnare quel poco e portarlo a casa, per poter sopravvivere! E chissà come sarebbe stata la vita di mio padre se avesse potuto giocare prima nel Barletta e poi nel Bari! Aveva appena 12 anni quando gli fecero quella offerta! Forse sarebbe diventato un professionista! Dai suoi racconti si possono interpretare tantissime cose! Chissà se fosse bastato veramente! Forse non sarebbe emigrato in Germania, non avrebbe conosciuto mia madre ed io non starei qui a raccontarvi questa storia!

Negli anni 60 in Germania ci fu un grandissimo boom economico. La guerra era finita da quindici anni e moltissimi giovani colsero la possibilità di espatriare nel cuore dell'Europa per cercare fortuna. Essi provenivano dalla Spagna, dall' Italia e dalla ex Jugoslavia. Uno di quelli era mio padre. Arrivò come emigrante ad Augsburg con un paio di amici del suo paese per presentarsi alla fabbrica metallurgica della MAN. La sua intenzione era di rimanere solamente un anno in Germania. Nel cassetto aveva il sogno di ritornare a Ruvo di Puglia per lavorare come caposquadra in agricoltura, poi aveva anche una fidanzata con la quale aveva già fatto dei progetti futuri insieme. Per racimolare i soldi per il matrimonio e per la casa l'occasione della MAN arrivò al punto giusto. Negli anni 60 non ci fu solamente una rivoluzione industriale e musicale, ma fu anche il tempo nel quale il calcio ebbe una trasformazione. Era nata l'idea delle coppe Europee. Per essere più concreto nel 1955 nacque la competizione della Coppa dei Campioni, negli anni 70 la coppa UEFA e nel 1960 la Coppa delle Coppe. Nella competizione della Coppa dei Campioni potevano partecipare i campioni delle rispettive Nazioni. I secondi classificati dei campionati nazionali partecipavano alla Coppa UEFA e la squadra vincente della coppa poteva competere nella Coppa delle Coppe. In questo periodo di fermenti per il mondo del calcio, il calcio Europeo assunse una maggiore importanza. Questo perché le grandi squadre Europee potevano mettersi in luce e misurarsi con altre squadre di pari livello, squadre come il Real e Barca, Valencia e Atletico Madrid, Inter e Milan, Juventus, Fiorentina e Roma, Sporting e Benfica, Celtic e Liverpool, Manchester United ed Arsenal, Tottenham e West Ham, Malmo ecc., squadre che hanno scritto l'inizio della storia del calcio Europeo. Sono felicissimo di vivere al giorno d'oggi, perché dai racconti dei miei genitori allora non esisteva la Pay-TV ed era quindi difficile seguire la squadra del cuore. I miei genitori avevano una piccola radio con una buona antenna ed ascoltavano le partite stando vicini sotto il cielo stellato. Così ascoltarono la partita dell'Inter quando vinse per la prima volta la Coppa Intercontinentale. Naturalmente tutta quell'atmosfera romantica, seduti ed abbracciati su una panchina, era per mio padre solamente un pretesto per sintonizzare l'onda radio migliore per ascoltare la partita. Si sarà spaventata tantissimo mia madre, quando mio padre, tenendola ab-bracciata, fece un salto di gioia gridando forte: si giocava la partita dell'Internazionale contro l'Indipendente Buenos Aires.

Nella partita di andata gli Italiani persero uno a zero ad Avellaneda in Argentina. La partita di ritorno invece la vinse l'Internazionale per due a zero a Milano. All' epoca contava solamente la vittoria o la sconfitta, la differenza reti non esisteva ancora. Come regolamento si doveva fare uno spareggio e fu lo stadio Bernabeu di Madrid il campo neutro dove si disputavano le partite. Fu così che il 26 settembre del 1964 per la prima volta una squadra Italiana alzò al cielo la più ambita e prestigiosa Coppa Intercontinentale. Anche all'epoca esistevano già le tifoserie accanite, infatti quattro mesi prima cioè il 27 maggio 1964 mio padre non si perse la finale di Coppa dei Campioni dove l'Internazionale vinse sul Real Madrid per tre ad uno sul Prater di Vienna. Nonostante l'età e la salute precaria, mio padre, che ha superato gli 80 anni, ancora oggi non ha perso l'amore e l'entusiasmo per il calcio. A questa età dovrebbe necessariamente calmarsi e vedere le cose con più distacco, invece l'amore per la sua squadra e la nazionale Italiana sono ancora sempre immutate dentro di lui. Anche se il Bari in tutti questi anni non ha mai vinto un grande titolo, mio padre è rimasto sempre un fedelissimo tifoso. Ancora oggi vedo i suoi occhi lucidi quando racconta dei tempi d'oro dell'Inter e della Fiorentina. Ogni volta che si disputa il derby di Milano tra di noi si scaldano gli animi, ma mai con cattiveria! L'importante è tenere alla propria squadra mantenendo un atteggiamento sportivo! Come in un matrimonio nella buona e cattiva sorte! Si potrebbe cambiare squadra quando le cose vanno malissimo, ma come siamo messi a dura prova nella vita coniugale, è nei momenti difficili che si salda un matrimonio rimanendo insieme per tutta la vita, rispettando il vero amore!

Allo stesso modo un divorzio dalla mia squadra del cuore è l'ultimo dei miei pensieri! Avrei voluto vivere negli anni '60, chissà probabilmente sarei stato un tifoso dell'AS Bari, dell'Inter o della Fiorentina. L'Inter aveva a quei tempi Mazzola, Facchetti, Burnich, Jair, Corso, Suarez e senza nominarli tutti, indubbiamente una grandissima squadra! Però anche negli anni '70, '80 e'90, gli anni della mia giovinezza, l'Inter aveva sempre dei grandi giocatori! Ed ecco che entrava in scena in un freddissimo giovedì di novembre del 1988 quella che sarebbe stata la mia squadra del cuore! Ero certo che mio padre sarebbe andato a Ruvo di Puglia per festeggiare il novantesimo compleanno di mia nonna. A quel tempo frequentavo la seconda media della scuola di Baeren-keller, non avevo le ferie scolastiche ma il fatto non mi preoccupava più di tanto. Avevo addosso uno strano magone, sentivo una strana voce in testa ed avevo strani pensieri. Erano già due anni che nelle ferie estive non vedevo mia nonna. Non era un compleanno qualsiasi, era il suo novantesimo e se doveva essere l´ultimo, avrei voluto rivederla, anche perché mia nonna non aveva il privilegio di vivere per sempre. Una vocina continuava a dirmi…

«tu devi andare insieme a tuo padre!»

Il mio interesse per la scuola non era poi così grande ed il rendimento scolastico era mediocre. Certamente c'erano delle materie che mi entusiasmavano di più come storia, geografia, religione, arte e sport. Soprattutto mi piacevano gli intervalli, che io naturalmente usavo per corteggiare le ragazze greche, credetemi ero il preferito di quasi tutte le ragazze greche della scuola! Italiani, Spagnoli e Greci sono culturalmente e in qualche modo anche mentalmente simili! Poi c'erano molti ragazzi greci tifosissimi del pallone. Era solo puro istinto ed il mio presentimento non mi ingannava. Mi dispiaceva lasciare mia mamma perché avevamo già in mente dei programmi per quando mio padre sarebbe partito, volevamo andare un paio di volte al cinema, avevamo prenotato i biglietti per "Holiday on Ice" e parlavamo di fare un paio di gite insieme. Però il pensiero del viaggio in Italia non mi faceva stare sereno. Quando quella sera mio padre entrò nella mia cameretta per salutarmi, io interruppi subito il suo discorso dicendogli…

«voglio venire con te in Italia!»

Mio padre mi sorrise, ma non mi aveva preso sul serio, voleva salutarmi! Non mi interessava il suo parere ed io con tono più deciso espressi nuovamente il mio desiderio; mio padre, senza cambiare argomento, mi lasciò parlare. Al mattino seguente in tutta fretta mio padre andò in stazione per comprarmi il biglietto del treno. Mia mamma doveva dare delle spiegazioni riguardanti la mia assenza dalla scuola al signor Winkler, che si mostrò poco entusiasta dell'idea. Egli era un direttore di vecchio stampo educativo e pedagogico, dava ancora pacche sulla nuca quando non seguivamo la lezione, con la sua grossa stazza, la sua barba ed i capelli bianchi metteva paura! Naturalmente lui aveva ragione, avremmo dovuto informarlo molto prima di quel viaggio. A distanza di anni non mi sono pentito di avere fatto quella scelta, seguendo il richiamo del cuore! Così in quel nebbioso mattino di novembre siamo partiti con mio padre per raggiungere la nostra Patria, direzione Italia Meridionale, per festeggiare l'ultimo compleanno di mia nonna. Il 10 novembre del 1988, in un fresco mattino autunnale, mio padre mi fece alzare prestissimo, avevamo programmato una gita a Montrone, una cittadina a quaranta chilometri Sudest di Bari, situata quasi nel cuore della Puglia, conosciuta anche sotto il nome di Adelfia. Era la festa annuale ed i preparativi duravano già da una settimana, ma il 10 novembre era il giorno della grandiosa festa patronale in onore del protettore San Trifone, ritenuta la "regina delle feste patronali" in Puglia.

Quel giorno i preparativi per la festa patronale iniziarono molto presto. Alle sei del mattino ci alzammo per prendere l'autobus per andare ad Adelfia, l'autista accese la radio per ascoltare le notizie del mattino e del meteo, l'oroscopo quel giorno non prevedeva una giornata positiva per me. Il conduttore radiofonico annunciava che per i nati sotto il segno del Capricorno quel giorno era consigliabile stare in casa, addirittura di rimanere a letto, sembrava quasi uno scherzo! Quanta ragione ha avuto invece quel conduttore! Durante il viaggio avevo sintomi di vomito, al quale si aggiunse poi anche un gran mal di testa! Senza ulteriori complicazioni dopo un'ora di viaggio arrivammo alla nostra meta. Gente da tutto il Meridione si recò in quella piccola città provinciale per rendere onore al Santo Patrono. Finito il viaggio ero contento di lasciare l'autobus per prendere una boccata d'aria, dimenticando tutte le buche delle strade provinciali, che ci avevano costretto a subire un viaggio molto scomodo!

Tutto era pronto per i festeggiamenti! Le strade del paese, ricche di antiche costruzioni mediterranee e di nuove case, erano decorate con splendide illuminazioni! A mezzogiorno per le strade iniziò il percorso della processione con i suoi festeggiamenti. In Italia le feste patronali ci sono in ogni città. Un gruppo di persone, assidui frequentatori della parrocchia, portavano a spalla il Santo, il quale era appoggiato su un'ampia trave di legno ricoperta di fiori. Accompagnati dalla banda musicale c'erano tanti ragazzi a cavallo vestiti con i colori di San Trifone per rendergli omaggio ed anche migliaia di persone provenienti dal meridione e dal mondo! Purtroppo quel giorno non mi sono entusiasmato per quello spettacolo. Pensavo in continuazione…

«Un regno per una sedia!».

Tantissime erano le persone che cercavano un posto a sedere. Il mio stato di salute non accennava a migliorare, avevo ancora quei sintomi di vomito. Nel pomeriggio alle porte di Montrone iniziò il primo spettacolo. C'era anche la gara dei fuochi di artificio e tantissime ditte specializzate entravano in lizza per attirare l'attenzione della gente. La preferenza dei voti non era per i colori dei fuochi, bensì era determinata dal volume dei botti e dalla sequenza delle coreografie. Per la ditta vincente era previsto un lucroso montepremi.

Come tantissimi visitatori, ci siamo recati anche noi alle porte del paese. Mi ricordo come fosse ieri! La gente in piedi davanti alle auto che aspettava i primi fuochi provenienti dalla piccola collina dietro il cimitero. In quella lunga attesa non mancavano le specialità gastronomiche. Si vedevano bancarelle di carne alla griglia, dolciumi e cose salate. Tantissimi turisti coglievano l'occasione per grigliare all'aperto sui prati portandosi il cibo da casa. L'attesa per i fuochi era ancora lunga, ma nessuno si annoiava. Ricorreva un altro importante avvenimento per allietare l'attesa, per esattezza una partita di calcio, il più bel gioco del mondo! Si giocava il ritorno degli ottavi di finale di Coppa Campioni a Belgrado tra la Stella Rossa Belgrado e l'AC Milan. La partita era stata sospesa la sera prima per la forte nebbia e si doveva proseguire a giocare quindi nel pomeriggio del giorno seguente. Tantissime persone in piedi, appoggiate agli sportelli delle loro auto, seguivano attentamente via radio la partita in diretta. Io non capivo quello che il conduttore della radiocronaca diceva perché parlava velocemente e mi rifugiai quindi in un posticino tranquillo dall'altra parte della strada sotto un vitigno, che in quella zona si estendevano a perdita d'occhio! All'improvviso scoppiò in cielo il primo botto. Una varietà di colori illuminò a giorno il cielo nero della notte, lo spettacolo era sicuramente sublime anche se poi il criterio per vincere erano la coreografia e la sintonia dei botti, come mi aveva spiegato mio padre.

Io purtroppo, causa il mio mal di testa, me ne stavo seduto sotto il vitigno tappandomi le orecchie, in qualsiasi altra giornata avrei goduto di quel bellissimo spettacolo, ma quel giorno proprio non stavo bene, temevo che la mia testa stesse per esplodere ed ero quindi contento che erano già passati i primi quindici minuti dei fuochi. Volevo attraversare la strada e tornare indietro per informarmi del risultato, perché vedevo che tanta gente che seguiva la partita esultava urlando di gioia in mezzo alla strada. Mio padre si trovava in mezzo ad un gruppo di gente, quando all'improvviso un possente ragazzo di Terlizzi, un paese vicino Ruvo, lo abbracciò per l'entusiasmo! Non capivo molto a quei tempi di Coppa dei Campioni, oggi la Champions-League! Sinceramente non conoscevo nemmeno l'esistenza di questa competizione! Mi era chiaro solamente che una squadra italiana disputava una partita importante contro una squadra non proveniente dall'Italia. Naturalmente non importa quali fossero le motivazioni, nonostante me ne stessi in disparte per via del mio malessere, sentivo comunque il bisogno di gioire con loro! Stava per scendere la sera ed in quella stagione faceva presto buio. La competizione tra i maestri artificieri stava per concludersi e tutti si chiedevano cosa avrebbero fatto per stupire il pubblico nello spettacolo finale notturno i Gargano, i Teora oppure i Bruscella, solo per nominare alcune delle grandi ditte di pirotecnica. Tutti si chiedevano quali trucchi avrebbero tirato fuori dal cilindro!

Nell'autobus mi ero rilassato un po', ma non mi sentivo affatto meglio, neanche per idea! Mio padre mi suggerì che dovevamo mangiare qualcosa. Forse aveva ragione, infatti avevo ancora lo stomaco vuoto. Ci siamo quindi rimessi in cammino per il centro della cittadina, le illuminazioni stradali erano fantastiche! Quando alle porte di Montrone si girava per la via nazionale, era come essere in un tunnel illuminato! I commercianti sulle loro bancarelle vendevano giocattoli, vestiti, bigiotteria oppure CD di musica, nell'aria c'era profumo di dolciumi e specialità alla griglia. La banda musicale suonava canzoni napoletane come anche delle arie di Verdi, Puccini e Rossini. Avevamo cenato in un accogliente e confortevole ristorante, avevo ordinato un'insalata di polpo, che dopo risultò una scelta sbagliata in quanto dovetti correre verso la porta del terrazzo per vomitare. Non avevo veramente tempo a disposizione per cercare un bagno e non volevo togliere l'appetito a tutti gli ospiti in mezzo al risto-rante. Che sollievo! Finalmente non avevo più quel mal di stomaco e mi sentivo davvero meglio! Sicuramente sarebbe stata una giornata meravigliosa, ma ormai i miei malesseri me l'avevano rovinata. Per non guastare la serata anche a mio padre lo convinsi ad accompagnarmi all'autobus per ripo-sarmi. Così lui poteva divertirsi un po' e passeggiare con i suoi amici, senza doversi preoccupare per me. Così restammo d'accordo che dopo saremmo rientrati con calma in paese. Tantissimi turisti erano accampati nelle tende accanto ai loro autobus, accendevano il fuoco per grigliare e riscaldarsi. Non faceva particolarmente caldo quella sera del 10 di novembre del 1988. Scaldato dal calore di un falò e mangiando le patate calde stavo proprio molto meglio! Mi coccolavo sotto una coperta di lana ascoltando musica napoletana cantata da un piccolo signore con la sua chitarra, il quale dava il meglio di sé! Quella gente non dava molta importanza alle cose materiali! Probabilmente la maggior parte di loro erano pensionati o agricoltori, che volevano evitare la confusione del centro di Adelfia. Sicuramente non avevano grosse macchine fuori dalle loro case né tanti soldi in tasca! Però si vedeva che erano soddisfatti di ciò che avevano e cioè la salute ed una famiglia. Un ragazzo di undici anni come me a quel tempo non poteva certo capire questa dimensione di vita, però quella gente semplice era sicuramente più felice di tante altre persone che avevo conosciuto in Germania! Ero immerso nei miei pensieri senza avere particolari preoccupazioni, godevo del calore e di quella cordiale atmosfera!

Ad un tratto sono stato distratto da un vecchio e piccolo televisore situato sull' abitacolo di un autobus. Quello che veramente aveva attirato la mia attenzione erano quelle immagini in bianco e nero che rimbalzavano da quel televisore. Era quello che sospettavo? Era veramente una partita di calcio? Volevo rendermi assolutamente conto di cosa si trattava! Quindi mi avvicinai all'autobus e salii i gradini per vedere la terza partita tra la stella Rossa di Belgrado e l'AC Milan, poiché il giorno precedente a Belgrado la seconda partita fu sospesa a causa di una nebbia fittissima. Da quell'incontro doveva uscire la squadra vincente! Subito mi cercai un posto libero per seguire la partita. Per la Stella Rossa, dopo l'1-1 della partita di andata a Milano grazie ai goal di Stojkovic al 47' e di Virdis al 48', si erano creati dei buoni presupposti per il ritorno. Tuttavia anche il Milan ci teneva a fare una bella figura! Il Milan andò in vantaggio al 34' per 1-0 con il 24enne olandese Marco Van Basten, ma, come nella partita di andata, poco dopo al 38' arrivò il pareggio dell'1-1 segnato da Stojkovic. Una partita combattuta da entrambe le parti. Le squadre non si regalavano nulla! Appassionante fino alla fine! Neanche i tempi supplementari portarono ad una svolta per la vittoria!

Ci penso sempre con nostalgia: la mia prima partita del Milan in Coppa dei Campioni l'ho seguita attentamente dentro un autobus a sessanta chilometri da Bari da un piccolo televisore in bianco e nero! L'entusiasmo per quella partita fece sparire il mio mal di pancia, anzi si può proprio dire che quella partita rivoluzionò il mio mondo! Venni addirittura a sapere che quella partita era un avvenimento importante in quanto era la 50esima disputata dal Milan in Coppa dei Campioni! Anche se fu decisa sui calci di rigore, mi feci trasportare tantissimo da quella partita! I Rossoneri quella sera giocarono con molto impegno! È sempre così, oggi come allora! Durante la crudele lotteria dei calci di rigore sembra infinito il tempo fino a quando vengono scelti i rigoristi, che hanno il potere di far salire l'ansia a noi tifosi. Manca quasi il coraggio di guardare quando posizionano la palla sul dischetto.

«Segna o non segna? Para o non para?»

I calci di rigore sono per un vero tifoso motivo di incredibile ansia! Si perde quasi la testa, si ha uno strano magone, le mani sudate ed il cuore batte all'impazzata! Mentre scrutavo attentamente le azioni dei rigoristi dentro quel vecchio televisore, sembrava che quei momenti drammatici non dovessero finire mai! Ma alla fine tutto è stato ripagato! Il Milan vinse grazie al nostro portiere Giovanni Galli che parò i rigori di Savicevic e Mrkela, poi arrivò il colpo di grazia per la Stella Rossa grazie ai goal di Baresi, van Basten, Evani e Rijkard chiudendo il risultato 4-2. Che diavolo di portiere! Naturalmente fu festeggiato per le sue imprese calcistiche dai suoi compagni. Il Milan fu per me sin dall'inizio un vero spettacolo di maestria calcistica! Ammiravo Van Basten, Rijkard e Gullit. Un trio da sogno che ha fatto riaccendere la stella del Milan! Dopo quella partita la febbre calcistica mi assalì in pieno travolgendomi! Il Milan era semplicemente speciale per me! Non trascorse molto tempo che quella febbre si trasformò in un mix perfetto di emozioni e passione!

I quarti di finale erano oramai raggiunti. Ed il mio mal di pancia era finalmente sparito. Fu veramente una giornata pesante, che si concluse con un lieto fine. Era nato dentro di me un amore ed all'epoca non immaginavo quanto grande poi sarebbe diventato! Fu il giorno nel quale non so capire se io ho trovato il Milan oppure se è stato il Milan a trovare me! Non realizzavo ancora quella grande fortuna! Dopo la partita il cielo nero di quella notte si illuminò a giorno, colorato da magnifici e variopinti fuochi d'artificio; così belli, prima di allora, non li avevo mai visti! In molti vi chiederete come mai quella partita tra il Milan e la Stella Rossa mi abbia coinvolto così tanto. Forse era una partita qualsiasi, può anche darsi che non ci siano state grandi azioni di gioco. È stato forse il portiere del Milan nel parare i calci di rigore oppure è stata la partita tenace che la squadra aveva condotto? Oppure la semplice realtà di una squadra Italiana che passava il turno dopo una dura competizione? Ancora oggi non lo so con certezza! Credo sia stato un mix di cose: quel piccolo televisore in quel bus, la giornata in sé! Come ho detto prima, è stato l'inizio del mio amore per i Rossoneri, che cresceva a dismisura!

Si giocarono poi i quarti di finale contro il Werder Brema, uno 0-0 all'andata ed un fortunato non spettacolare 1-0 per il Milan a S. Siro, con un dubbioso calcio di rigore dato a sfavore dei Campioni tedeschi. Ma sulla via dei grandi traguardi a volte si ha bisogno di un po' di fortuna! Infine la partita semifinale del Milan contro il Real sorprese tutto il mondo del calcio. Dopo l'1-1 a Madrid sarebbe bastato uno 0-0 a casa del Milan per accedere alla finale. Il regolamento prevedeva che i goal segnati fuoricasa contassero il doppio, una regola che il calcio Europeo aveva da tempo. Il Milan era ben cosciente della grandezza del Real, perché gli spagnoli erano sempre in grado di segnare almeno 1 o 2 goal con chiunque ed ovunque! La strategia era chiara: bisognava attaccare e giocare per la vittoria! Ed in che modo spettacolare il Milan lo ha fatto! Il Real fu smontato, disfatto ed offeso! Furono distrutti nel vero senso della parola! I Rossoneri erano come indiavolati, giocarono in uno stato di grazia e mandarono i loro tifosi in delirio! A fine partita si faceva fatica a realizzare il risultato, bisognava guardare due volte il tabellone per rendersi conto! Finì 5-0 tra AC Milan e FC Real Madrid, questo fu il risultato finale che splendeva sul tabellone quella notte! Ancellotti al 18', Rijkard al 25', Gullit al 45', Van Basten al 49' e Donadoni al 59' segnarono in modo indelebile la storia del Milan!

Il pubblico di S. Siro era come fuori controllo! I Rossoneri erano arrivati in finale, era nata una squadra leggendaria, mitica! Che notte! Semplicemente un delirio! Dopo quello spettacolo eravamo favoriti per il titolo. Più di 80.000 tifosi aspettavano nella roccaforte del Camp Nou di Barcellona. Era tutto preparato per ricevere il terzo titolo della Coppa dei Campioni. In quella calda serata primaverile del 24 maggio del 1989 discutevo nel parco di casa con degli amici. Non avevo la consapevolezza di oggi, non mi era ancora chiaro quale grandissimo avvenimento sarebbe accaduto quella sera. Mi era chiaro solamente che il Milan si trovava in una finale non di poca importanza! Tutto il sistema delle coppe, le diverse competizioni e le regole del calcio europeo, era tutto un nuovo mondo per me! Alla fine non sapevo neanche il valore di quel torneo! Mio padre nei giorni prima della finale era particolarmente nervoso. L' ho sentito urlare di gioia da fuori della nostra casa come non mai! Anche se i miei due amici Arda e Piero non erano affatto d'accordo, mi affrettai a salutarli congedandoli con poche parole e senza spiegazioni per andare a casa per vedere la partita insieme a mio padre. Come avevo potuto dimenticare che quel giorno c'era il gran finale di Coppa, impensabile, quasi imperdonabile! Mio padre era felicissimo, mi disse che era la sesta Coppa dei Campioni ad essere vinta da una squadra italiana; con la bandiera italiana sulle spalle e nella mano una sciarpa del Milan era seduto davanti al televisore e non riusciva a stare fermo, sembrava quasi fosse sulla brace! Si, dopo quella sera niente sarebbe stato più come prima! Che festa!

La finale della Coppa dei Campioni 1988-1989 si disputò il 24 maggio 1989 presso il Camp Nou di Barcellona tra gli italiani del Milan ed i rumeni della Steaua Bucarest, campioni in carica, che tre anni prima con molto clamore sconfissero, nella finale di Siviglia, gli spagnoli del Barcellona grazie a 4 parate consecutive del portiere Helmuth Duckadam nel corso della sequenza dei calci di rigore. Però quella impresa non doveva ripetersi una seconda volta per i rumeni! No, infatti non fu così! Fu la notte dove il diavolo riconquistò il paradiso! Dopo 18' di gioco Van Basten servì a Gullit il cross che valse il goal dell'1-0. Quasi 10' dopo Van Basten segnò il secondo goal di testa. Ed al 38' Roberto Donadoni diede la palla a Gullit che segnò il terzo goal. Il secondo tempo iniziò con il Milan in attacco e dopo appena un minuto arrivò il poker di Van Basten, che segnò in diagonale su assist di Rijkaard. Con la vittoria per 4-0 il Milan eguagliò il record di vittoria più ampia in una finale di Coppa dei Campioni. Dopo il delirio della semifinale contro il Real, con questa nuova vittoria il Milan riconquistò il trono d'Europa e fu incoronato a Barcellona. Ero curioso e finalmente pronto a diventare un vero tifoso del Milan! Il "virus" rossonero iniziava a contagiarmi Un "virus" dal quale non si guarisce! Volevo sapere tutto di quella competizione! Quando era nata, le regole del gioco, chi poteva partecipare. Semplicemente volevo sapere tutto quello che c'era da sapere! Nessuno avrebbe potuto informarmi meglio di mio padre! Mio padre, il cui cuore batteva solo per il Bari e un po' anche per i Neroazzurri dell'Inter. Devo ammettere che all'inizio tifavo anche io per l'Inter. Questo perché il ruolo che avevo nel mio club di calcio era da portiere e il mio grande idolo era Walter Zenga, portiere dell'Inter. Però i Neroazzurri non mi avevano mai convinto più di tanto! Il loro gioco non era mai spettacolare come quello del Milan! Anche se grandi campioni come Matthäus, Brehme e Klinsmann all'epoca vestivano la maglia dell'Inter, in realtà sentivo il bisogno di ascoltare il richiamo del cuore. Non potevo tifare per un'altra squadra! I miei sentimenti non lasciavano posto ad altre squadre! Ho lasciato che tutto accadesse! Questo amore dura ancora oggi e non avrà mai fine! Una grande stagione era finita… ma cosa sto dicendo! Non era finita, anzi era appena cominciata! In quelli anni ho visto e vissuto il Milan dal vivo. Quei ricordi non si possono ripagare con tutto l'oro del mondo!

Con questa vittoria della Coppa dei Campioni Berlusconi aveva mantenuto la sua promessa di fare del Milan una delle più forti squadre del mondo! E pensare che Arrigo Sacchi era

un allenatore che non aveva mai giocato da professionista. Aveva lavorato presso l'azienda di calzature del padre, ma ben presto divenne un perfezionista nel suo genere! Lui è stato il padre del tatticismo che condusse il Milan al successo. Il sistema 4-4-2, un misto tra marcatura a uomo e zona, sostenuta dal pressing. Ma di quest'uomo sapremo di più dopo. Del Milan vi racconterò delle storie che saranno segnate da passione, sofferenza, speranza, lutto e trionfi. Ho i sudori freddi al pensiero di portarvi nel viaggio che avremo davanti per illustrare i prossimi 25 anni di Calcio, Fussball, Soccer o Football… è uguale come volete chiamare questa pazzia!
È uguale se Milan, Bayern, Malmo, Real, Liverpool, Juve, Toro, Barca, Tifosi-BVB ed anche voi Italiani, Greci, Spagnoli, Tedeschi, Inglesi, Francesi, Danesi e Brasiliani e ancora molto di più!

Vi invito tutti a farne parte… a fare parte anche della mia vita, pervasa dall'amore per il Calcio… il gioco della sfera di cuoio!
Perché tutto questo?...
Semplicemente per amore per la vita!

Milan – Aumann

Il Milan mantenne la sua promessa e così dopo il Campionato italiano vinse anche la Coppa dei Campioni e nel Campionato seguente partirono da favoriti per le due competizioni. Ricordando quei tempi mi vengono in mente anche altre grandi squadre! Certamente il Real Madrid non era così forte come alla fine anni '50, il loro periodo più glorioso, tuttavia i tifosi Madrileni si ricordano con piacere di Butragueno, di Sanchez oppure del giovanissimo difensore Hierro. Il Real appartiene sempre all'elite del calcio Europeo. Vincere contro il Real non è mai stato facile! Gli incontri contro il Real sono stati sempre dei grandi avvenimenti da scrivere sui libri di storia di una società! Il Benfica, il Lisbona oppure L'Olimpique Marsiglia giocarono in quella stagione un grandissimo campionato anche se in passato non si erano molto distinti sul palcoscenico Europeo.

I più forti antagonisti del Milan per la difesa del titolo erano i campioni tedeschi del Bayern Monaco! Con giocatori come Jürgen Kohler, Klaus Augenthaler, Stefan Reuter ed il portiere Raimund Aumann, per me il migliore portiere al mondo di quei tempi, non era facile imporsi! Quando il Milan vinse la Coppa dei Campioni nel campionato 1988/89 il Bayern giocò la competizione della Coppa UEFA in quanto aveva perso il campionato tedesco classificandosi al 2° Posto.

Agli ottavi di finale della Coppa UEFA con una sensazionale rimonta il Bayern riuscì ad imporsi a S. Siro contro l'Inter per 3-1. Nella partita di andata i Neroazzurri con Matthäus, Brehme, Bergomi e Zenga avevano vinto con un po' di fortuna allo stadio Olimpico di Monaco per 2-0. Dopo tante occasioni mancate del Bayern i Neroazzurri fecero due spettacolari azioni in contropiede. Un Olaf Thon e un Thomas Strunz, due leader della squadra tedesca, non poterono nulla per evitare la sconfitta in semifinale contro il Napoli grazie al suo prestigiatore argentino, Diego Armando Maradona, il quale insieme a Careca e Andrea Carnevale diedero vita ad un eccellente reparto offensivo. Anche la difesa non era da meno! I due nazionali Fernando de Napoli e Ciro Ferrara difendevano la loro porta togliendo parecchio lavoro al loro portiere Giuliani, naturalmente senza dimenticare il centro campo il cui artefice era il brasiliano Alemao.

Per me era quasi impossibile, per giunta a quella giovane età, seguire quelle partite importanti allo stadio. Mio padre non voleva comperare i biglietti per le partite, si inteneriva solamente quando c'erano degli incontri di squadre italiane contro quelle tedesche! Ricevevo sempre le solite risposte da lui…
    «I biglietti costano troppo, ci possono essere delle risse»
                        …ed alla fine la solita battuta…
    «Lo stadio è già esaurito».

…Nonostante tutto non mi accontentavo delle decisioni di mio padre! Cercavo continuamente di riuscire ad avere un biglietto! Ci doveva essere un modo per arrivarci! Non sapendo nulla mi informavo presso le tabaccherie vicino casa in quanto mio padre comperava lì i biglietti dell'FCA. Ma le mie ricerche risultavano vane! Avrei voluto vederli giocare dal vivo e anche solo per una volta Maradona, Zenga, Careca e tutti gli altri. Zenga, il portiere nr.1 d' Italia, era all' epoca il mio grande idolo! I miei compagni lo sapevano e così, quando nel fine settimana entravo in campo con la mia squadra e la mia divisa personale di portiere della nazionale Azzurra, mi avevano affibbiato subito il soprannome di Zenga.

A distanza di tempo ho capito che i miei genitori non avevano intenzione di portarmi allo stadio allo scopo di proteggermi. Invece io ho portato sempre mia figlia allo stadio nonostante la sua giovanissima età. I tempi sono cambiati e le immagini televisive lo dimostrano, almeno in Germania! Quante volte si vedono bambini con le facce dipinte dei colori delle rispettive nazioni! Andare allo stadio in Germania è come se fosse una bella gita familiare! Negli stadi ci sono degli stand con varie specialità: würstel, patatine fritte e panini. Durante i tempi dei riscaldamenti del prepartita si ascolta buona musica che mette il pubblico di buon umore. E quasi tutti gli stadi sono modernissimi. Anche altre nazioni europee vanno in questa direzione costruendo nuovi stadi. Trovo molto giusto che i genitori portino i loro figli allo stadio, così si gode veramente di quella atmosfera e si ha la consapevolezza di seguire una partita in tutte le sfumature delle sue azioni calcistiche. Questi avvenimenti sono molto motivanti e contribuiscono a dar vita ai veri tifosi! Spesso quei ragazzi avranno il desiderio a loro volta di diventare calciatori o calciatrici per essere ammirati e amati dal pubblico! Si rafforza anche lo spirito di gruppo e il senso di appartenenza dei giovani al gruppo stesso. Ogni tifoso, chi più chi meno, indipendentemente dal tipo di sport, avrà sempre un senso di appartenenza al gruppo, quasi a formare una "famiglia". Osservando la curva sud del Bayern, lo stadio di Dortmund, il secondo anello blu di San Siro, lo stadio San Paolo di Napoli, senza dimenticare i tifosi scozzesi né la leggendaria squadra del Liverpool, si può dire che tutti questi club hanno creato un modello di tifoseria pacifica! In Inghilterra infatti sono molto bene organizzati, le misure di sicurezza vengono prese in anticipo. Negli stadi non esistono recinzioni né sui margini del campo né sugli spalti e di fatto non avvengono mai risse.

Alla fine non sono riuscito a vedere neanche una partita con mio padre né quella dell'Inter né quella del Napoli. Mio padre era riuscito a procurarsi il biglietto per Stoccarda senza di me. Si trattava della partita di ritorno di Coppa UEFA tra lo VfB Stoccarda ed il SSC Napoli. Potete immaginare quanta grande fu la mia delusione! Dopo un risultato stretto per 2 a 1 del Napoli in casa, bastò loro un 3 a 3 per accedere al più grande successo della storia partenopea sul palcoscenico Europeo. E per giunta la prima squadra del Sud Italia a vincere una Coppa europea. Quella sera, quando andai a letto, mi sentivo meravigliosamente bene! Nella mia classe a scuola, essendo l'unico italiano, quando si parlava di calcio in mezzo a tutti i ragazzi tedeschi non mi sentivo mai a mio agio. Quando vinceva una squadra italiana avevo il sopravvento! Ma guai se vinceva una squadra tedesca!

Il trionfo del Napoli non fu l'unico in quella stagione per le squadre italiane. Ce l'avrebbe fatta anche il team della Sampdoria con i suoi fuoriclasse Gianluca Vialli e Roberto Mancini. Però ci fu il Barcellona ad interrompere il tris delle Coppe in palio. Con un meritato 2 a 0 i Catalani vinsero la finale della Coppa delle Coppe sulla Sampdoria. Il Milan giocò nella stagione successiva nuovamente contro il Real Madrid. Anche quella volta al Real non fu concesso di accedere al turno successivo. Ogni girone che il Milan superava, io mi sentivo combattuto: da una parte volevo finalmente andare allo stadio per vedere la partita dal vivo, dall'altra non volevo che il Milan incontrasse una squadra del calibro come il FC Bayern di Monaco. In un certo senso nella stagione 1988/89 il Milan conduceva un gioco improntato sulla difensiva. Ma forse mi sbagliavo! Come difensore al titolo si rischia sempre di essere la preda, quindi è sempre raccomandabile risparmiare energie tra Campionato e Coppa. Ad ogni modo solo una cosa era particolarmente importante per me…

«di non uscire assolutamente fuori sconfitti dal Bayern».

…Mio padre vedeva quel sorteggio con tranquillità. Lui pensava che il Bayern non avesse chance contro di noi. Poi avvenne quello che doveva accadere. Il Milan doveva giocare in semifinale contro FC Bayern e nell' altra semifinale il Benfica Lisbona aveva a che fare contro Olympique Marsiglia. Da allora in poi tutti i giorni facevo innervosire mio padre chiedendogli…

«Procurerai i biglietti?…
Hai prenotato i biglietti?…
sai qualcosa di nuovo del Milan?…»

…Mio padre sapeva che quella volta non aveva più tante scuse. Per la prima volta avevo il presentimento che mi avrebbe portato veramente allo stadio. La partita di ritorno fu giocata il 18/04/1990 allo stadio Olimpico di Monaco di Baviera. Il Milan giocò la partita di andata in casa. C'era da disperarsi a vedere la partita! Sembrava che il Milan giocasse solo contro il portiere Raimund Aumann, quello che aveva parato quel portiere aveva dell'incredibile! Con un rigore trasformato da Marco van Basten il Milan era riuscito ad imporsi per 1 a 0. Con quel risultato stretto la partita di ritorno era ancora più entusiasmante creando un'ansia incredibile nel vederla. Sembrava quasi una partita stregata e mi sorgeva il dubbio se mio padre avesse comperato davvero i biglietti. Mia mamma diceva ridendo…

«Forse saranno nell´uovo di Pasqua»
…ed io dicevo a bassa voce…
«I bimbi li porta la cicogna»;

…parlavo piano perché immaginavo già mio padre che con fare autorevole mi inseguiva con un cucchiaio di legno per picchiarmi. Speravo tanto che mia madre avesse ragione, altrimenti avrei preso l'uovo di Pasqua e lo avrei rotto in mille pezzi! Tante volte nei pomeriggi dopo la scuola mi trovavo da solo in casa ed io nelle settimane che precedevano la partita ne approfittavo per cercare i biglietti. Ma forse mio padre li aveva già comperati e magari mi voleva fare una sorpresa per Pasqua. La mia impazienza però non mi lasciava scelta: frugavo negli armadi, nei cassetti e nelle giacche. La mia ricerca era inutile fino a quel lunedì prima di Pasqua quando mio padre tornò di pomeriggio dal lavoro. Come sempre posava la sua borsa nel ripostiglio di casa. Dopodiché andava in cantina per prendere una tanica di olio da riscaldamento per attivare la caldaia situata in bagno per riscaldare la casa. Ad un tratto, come un lampo, mi venne in mente…

«Certo la sua borsa di lavoro!
Come mai non ci ho pensato prima!»

…Aspettavo il momento giusto e con fare furtivo senza far rumore con le scarpe, stando attento che non ci fossero dei rumori dalle scale provenienti dalla cantina, mi precipitai subito nel ripostiglio e vidi la sua borsa appoggiata su una sedia. Devo dire che in quel ripostiglio c'era di tutto: la biancheria lavata, i panni sullo stendino ad asciugare, la dispensa degli alimenti. La nostra vita familiare si svolgeva sempre in cucina. Ed ecco che mi misi a frugare nella borsa di mio padre con tanta aspettativa, ma nelle due tasche frontali non trovai nulla. Però nelle tasche laterali, caspita, qualcosa avrebbe potuto esserci! Infatti improvvisamente sentii della carta tra le mie dita, non riuscivo a credere ai miei occhi, li tirai su per un attimo tenendoli stretti tra le mie mani. Erano grandissimi quasi come il logo dell'Opel, lo sponsor del Bayern di quell'epoca. Per me era più sacro di una Bibbia quello che leggevo…

"Semifinale di Coppa dei Campioni
tra
FC Bayern Monaco e AC Milan"

…Anche allora i biglietti costavano parecchio, per esattezza 60 marchi tedeschi. Ma il valore di quei biglietti era per me inestimabile! Velocemente rimisi i biglietti in quella tasca e lasciai il ripostiglio come lo avevo trovato. Mi ritirai nella mia cameretta per fare i compiti di scuola. Quanto mi facevano arrabbiare quei compiti assegnati durante le ferie scolastiche! Però improvvisamente non erano più un peso per me! Mio padre non era tornato ancora della cantina…

«Dai Michele una sbirciatina
 la puoi dare ancora, …una sola volta, dai Michele»

…mi diceva un diavoletto sopra la mia spalla destra… Il piccolo angioletto sulla spalla sinistra invece teneva la bocca chiusa. Come un lampo corsi nuovamente nel ripostiglio. Non potevo credere ancora alla mia fortuna. I miei occhi erano incollati sulla scritta "AC Milan", avevo completamente dimenticato i rumori provenienti dai gradini della scala. Le chiavi di casa entrarono nel cilindro della serratura, la porta si aprì e mio padre entrò in casa senza accorgersi di nulla, portò il serbatoio nel bagno dove successivamente riempì la caldaia. Io me ne stavo seduto nella mia cameretta, ero in uno stato di incredibile tranquillità, come se negli ultimi cinque minuti il tempo si fosse fermato! Avrei voluto gridare di gioia! Nella stessa serata i miei genitori andarono come sempre al cimitero per visitare la tomba di mio fratello defunto. Ai miei migliori amici non riuscii a non raccontare quella novità. Ero quasi contento che Arda non mi avesse creduto, invece avevo l'opportunità di dimostrare a Piero che tutto era vero. Lo feci salire nel nostro appartamento e gli raccontai orgoglioso l'avvenimento. I suoi sguardi erano un misto di incredulità, di ammirazione e d'invidia. Mi ricordo ancora oggi tutto perfettamente. E fu esattamente quel momento uno dei primi attimi in cui si accese il mio fanatismo, dandomi sicurezza e tranquillità. Per la prima volta avrei visto il Milan dal vivo, la squadra più forte del mondo… non riuscivo ancora a crederci!

La mia scuola era formata da tre sezioni diverse, che erano le elementari, le medie e per gli alunni greci un liceo. Gli alunni greci non avevano molto a che fare con i ragazzi tedeschi, qualche amicizia occasionale, ma la maggior parte se ne stavano in disparte tra di loro. Io invece avevo sia amici greci che tedeschi. Con molti ragazzi greci giocavo a calcio nel club Stadtwerke SV Augsburg. Alle ragazze non ero di certo indifferente! Ognuno di noi aveva la sua squadra del cuore. E l'ammirazione per il Bayern non sfuggiva neanche ai ragazzi greci. I miei amici sapevano anche allora quanto io fossi legato al Milan.

Quando mi alzai quel mercoledì mattina, sentivo che sarebbe stata una giornata speciale! Nelle settimane che precedevano quel giorno non riuscivo a pensare a nient'altro. Per la prima volta nel mio mondo del calcio ci sarebbe stato qualcosa di diverso! Sentivo una positività ed una magia nell'aria come non mai! Avessi avuto un poster del Milan lo avrei fissato sicuramente al muro! Dopo aver fatto colazione ed una doccia ero pronto ed in forma per il grande giorno! Erano passate cinque ore circa durante le quali ho ascoltato musica italiana ed inni calcistici. In quella situazione senza uscita, segnata da nervosismo e speranza, non sapevo cosa fare per ingannare il tempo fino al fischio d' inizio della partita. Una vocina dentro di me mi diceva che dovevo pregare per vincere. Quegli inni calcistici erano l'unica forma di preghiera che mi venne in mente.

Alle quattordici del pomeriggio con mia madre ci siamo messi in cammino per andare a prendere mio padre al lavoro. Non era una giornata particolarmente calda. Speravo sempre che il tempo tenesse fino alla fine della partita. Il grigio delle nuvole non lasciava spazio ad un cielo azzurro. Il meteo aveva preannunciato che sarebbe stata una giornata di pioggia. Tutto ciò non rovinava il mio buon umore. Con orgoglio portavo la maglia del Milan che mi arrivava fino alle ginocchia. Mio padre la comprò un anno prima a Stoccarda durante la finale contro il Napoli. Lo ricordo ancora: quella notte mio padre tornò tardi e mi tirò la maglia addosso che finì sul mio letto e così facendo mi svegliò. Non era la maglia originale con la scritta Mediolanum, infatti ad ogni lavaggio il tessuto di puro cotone scoloriva sempre di più. Tuttavia per me era particolarissima e guardandola ancora oggi si risvegliano i ricordi dei vecchi tempi con ammirazione ed affetto! In quell' infinito giorno di attesa mia madre ci aveva accompagnato fino alla stazione per salire sul treno direzione Monaco. Il tempo non passava mai. Ad Augsburg non si sentiva l'importanza di quella partita. Tutta un'altra cosa la situazione e l'atmosfera a Monaco! Sulla metro i treni erano pieni di entrambe le tifoserie del Bayern e del Milan. Come in una maratona si vedeva una lunga scia di tifosi che avanzavano in una sola direzione verso il parco Olimpico prima di arrivare allo stadio. Giungemmo alle 17,30 nello stadio, che era già presidiato dai tifosi. Certi amici di mio padre ed il mio padrino di battesimo avevano preso posto prima di noi, bevevano birra e mangiavano panini con i würstel. Tutti quel giorno speravamo di poter assistere ad una partita senza che piovesse. La temperatura in quei momenti non era importante per me. Che atmosfera imponente, così tanta gente, un delirio! Non credevo ai miei occhi cosa stava accadendo!

Il vecchio Olympia Stadion di Monaco non era usato solo per il calcio, ma era un impianto multifunzione, sempre bellissimo e grandissimo, quel tetto progettato secondo i dettami dell'architettura contemporanea è ancora oggi un'attrazione…

«Oh Dio che grande avvenimento vedrò oggi!»

…pensavo in continuazione. Il tempo passava velocemente e con grande trepidazione aspettavamo il riscaldamento prepartita. La visuale sul campo era eccezionale. Avrei voluto essere nella curva nord dello stadio dove c'erano i milanisti. Purtroppo eravamo seduti negli spalti opposti dove c'erano i sostenitori del Bayern. Intanto mancava solo un'ora fino al fischio d'inizio. Una band musicale con canzoni come "We are the Champions" cercava di riscaldare ancora di più l'atmosfera del pubblico. Dalle tribune opposte era difficile per me a quella distanza distinguere i giocatori, solo ogni tanto riuscivo a vedere Gullit, il nostro portiere Galli, Baresi e Rijkard. Lo stadio era pieno fino all'ultimo posto. Che scenario! Quasi settantamila persone riunite, per assistere allo stesso spettacolo! Non avevo mai visto qualcosa di simile! Non riuscivo a realizzare quello che vedevo! Era proprio un'atmosfera da brividi! Però quello che tutti temevamo, avvenne! Puntualmente al fischio d'inizio si mise a piovere. Ci mettemmo la giacca impermeabile col cappuccio, nella speranza che smettesse di piovere. Al mio padrino di battesimo e agli altri amici non importava che piovesse. Era la prima volta che andavo allo stadio per una partita così importante e c'era quel tempo orribile! Dopo i primi cinque minuti di gioco mi era chiaro che il Milan non si sarebbe chiuso in difesa. Ma il Bayern pressava contro. Il Milan, come nella partita di andata, creava tante occasioni da goal. Ma la classe del portiere Raimund Aumann era impeccabile come sempre. Forse per la pioggia o forse per il gioco acceso si era stranamente creato nello stadio un silenzio surreale. Nessun coro come nei minuti iniziali. Per colpa di quel brutto tempo lo stadio mi sembrava imbambolato, quasi come una partita di tennis! Dopo quindici minuti non ne potevo più, mi alzai dal mio sedile e mi intrufolai tra la gente per raggiungere le scale di uscita. Avevo un freddo pazzesco, le mie scarpe erano inzuppate di acqua. Si, ne avevo abbastanza, volevo andare fuori dallo stadio e tornare a casa! Ero nervoso: tutta quella

gente sotto quel tempo orribile! Pensavo che vedere la partita a casa in TV è più confortevole, si vede meglio e si ha la possibilità della moviola per rivedere le azioni di gioco, delle quali il telecronista riesce sempre a informarci. Non riuscivo a riconoscere i giocatori, quel silenzio mortale, nessun coro! Ma quanto ero deluso! Quel maledetto Aumann! Sarei rimasto a casa e mi pentii di essere voluto andare a tutti i costi allo stadio. Mio padre mi rincorse per trattenermi, però io ero più veloce. Cercavo qualche Pub o anche una caffetteria nello stadio per riscaldarmi. Purtroppo la mia ricerca fu inutile, ero pentito di essere venuto a vedere una partita allo stadio…
Naturalmente in merito alle mie ultime righe ho scherzato! :-) In realtà dopo quindici minuti dall'inizio partita non riuscivo proprio a stare seduto! L'atmosfera non era veramente degna di una semifinale di Coppa dei Campioni e la cosa mi fece arrabbiare. Così iniziai a gridare a squarciagola *Milan... Milan... Milan*. Non avevo nessun timore di sedere in mezzo a tutti i sostenitori del Bayern. Tra l'altro vicino a me c'erano anche parecchi italiani. Io aspettavo invano un sostegno da parte loro. Sicuramente non avrei avuto il coraggio di stare da solo nella curva sud dei tifosi bavaresi. E pian piano quei pochi sostenitori attorno a noi iniziarono anche loro a gridare…
    «*Olè olè olè olè… Milan…Milan*» e «*Forza Ragazzi*».

…Cercavamo in tutti i modi di far parte dell'avvenimento. I rossoneri entrarono sempre di più in partita. Ma Raimund Aumann, l'estremo difensore del Bayern, proteggeva strenuamente la sua porta. Ad un tratto si capovolse la situazione di gioco con più possesso di palla a favore dei Bavaresi. Io me ne stavo seduto come se fossi su una montagnetta di brace! E con tutta quella mia vivacità riuscii a rompere la mia giacca impermeabile e di conseguenza mi presi un rimprovero da mio padre. Primo tempo 0-0. Beh, ad ogni modo con quel risultato stavamo con un piede in finale!

Con una partita così si ha sempre la sensazione che non debba finire mai. Quel giorno fatidico, il 18/04/1990 guardavo in continuazione l'orario sui due tabelloni dello stadio, il tempo scorreva lentamente, minuti che sembravano ore! Con quel tempaccio c'era molta tensione in partita, alla quale si aggiunse anche un mio mal di pancia. La partita, anche sotto quelle pessime condizioni atmosferiche in campo, non deludeva in fatto di agonismo! Ma cosa potevo pretendere di più dalla mia prima partita allo stadio! Aumann continuava a parare tutto quello che il reparto offensivo del Milan aveva da offrire, poi ci fu una sostituzione ed entrò in campo Thomas Strunz. Di fatto il suo cognome in Italia è un insulto! Lui procurò il vantaggio dell'1-0 a favore del Bayern; dopo aver sfruttato un rimbalzo ed un tentativo difensivo di Maldini, riuscì a mettere la palla in rete.

C'erano ancora venti minuti da giocare ed il Milan aumentò la sua intensità. Gullit e van Basten cercavano sempre la via della porta avversaria per fare goal al portiere del Bayern, che tra l'altro era stato un compagno di scuola di mio fratello. Si avvicinava il fischio finale regolamentare ed inevitabilmente con quel risultato ci sarebbero stati i tempi supplementari. Ed in quei trenta minuti la paura dei calci di rigore diventava ancora più grande. Non avevo quasi più voce e mi faceva male la gola, ero bagnato dalla testa ai piedi, ma non mi importava più niente! Speravamo tanto in un meritato pareggio! Ma i nostri desideri poco dopo furono esauditi dal giovanissimo attaccante Stefano Borgonovo, soprannominato l'uomo di Monaco, il quale entrò in campo, superò Aumann che era fuori dai pali e con uno splendido pallonetto, dopo avere sfruttato un errore della difesa del Bayern, segnò un gran goal, quindi 1 a 1. Stefano Borgonovo è deceduto il 27/6/2013 dopo una lunga e bruttissima malattia, la SLA! Naturalmente dopo quel goal eravamo fuori di testa e sognavamo già la finale di Vienna. Il Bayern poco prima dei tempi supplementari andò in vantaggio per 2-1, però per regolamento quel risultato non bastava al Bayern. Finalmente l'arbitro dopo più di 120 minuti fischiò la fine della partita. Per una seconda volta esultammo con grida di gioia! Dalla curva nord vennero lanciati dei petardi. In quel tempo non avevo la minima idea a quali tifoserie appartenessero quelle persone e chi fossero quei tifosi. Non avrei mai immaginato che anche io un giorno sarei diventato un membro della Fossa dei Leoni! In TV non si possono capire tutte le sfumature e che cosa accade in uno stadio. Realmente ce l'avevamo fatta un'altra volta di arrivare in finale contro il nostro avversario più temuto, il Bayern, ed avevamo vinto. Nelle interviste che precedevano le due partite i giocatori del Milan avevano rilasciato delle dichiarazioni affermando che il Bayer era la squadra più forte che gli potesse capitare. Ancora oggi sono di questa stessa opinione! Alla fine nessun altro giocatore avrebbe meritato di andare in finale, però nonostante la sua bravura e le sue prestazioni Raimund Aumann non ha mai vinto nella sua lunga carriera un titolo europeo con l'FC Bayern. E, secondo me, anche nella nazionale tedesca era considerato ingiustamente il nr. 2! Nel trionfo della Germania ai Mondiali disputati in Italia 90, si sarebbe meritato di essere tra i pali della sua nazionale, invece la scelta cadde su Bodo Illgner. A volte si parla facilmente tra amici al bar sulle formazioni della Nazionale, ognuno dice la sua, però io in realtà non ho nulla da dire contro le decisioni prese dagli allenatori.

Beh sì, una battaglia è stata vinta ed in palio c'era, come già detto, la Finale al Prater di Vienna. Quella notte sognavo ad occhi aperti di quella meravigliosa giornata appena trascorsa! Sognavo di essere un giocatore del Milan, di vincere titoli, di coinvolgere tanta gente e di scrivere la storia nel calcio…e poi…eh sì, poter indossare la maglia azzurra, con orgoglio e mentalità vincente… che sogno! Col passare del tempo, e non solo prima di addormentarmi, il mio sogno continuava!

Italia 90

Che dire? Calcisticamente parlando gli ultimi due anni sono stati per l'Italia ricchi di successi, questo anche secondo il mio punto di vista! Il Milan divenne Campione d'Italia, mentre la Coppa Uefa fu vinta dal Napoli e dalla Juventus. Nella Coppa delle Coppe la Sampdoria arrivò due volte consecutivamente in finale: nell' 88/89 la Sampdoria perse la finale contro uno splendido Barcellona, ma già l'anno successivo si riscattò dalla sconfitta bruciante vincendo la finale contro l'RSC Anderlecht scrivendo così la storia Blucerchiata! In totale le squadre italiane avevano raccolto in quei due anni 5 su 6 possibili titoli. 7 Trionfi, se vogliamo contarli, la Super coppa Europea e la Coppa Intercontinentale del Milan. Era difficile bissare i successi raccolti dei Club in Europa e nel mondo. Per chiudere in bellezza questa marcia trionfale la Nazionale italiana doveva ancora vincere i Mondiali che si disputavano quell'anno proprio nel Bel Paese.

Ricordo ancora in occasione dei Mondiali in Messico nel 1986 le prime litigate tra me e i miei compagni di scuola che non riguardavano però il Milan, né il Napoli né la Juve, bensì le rispettive Nazionali di calcio. L'Italia arrivò a quei Mondiali come Campione in carica, soprattutto per aver battuto i tedeschi in finale per 3-1. Comunque, i litigi con i miei compagni durarono poco perché l'Italia fallì miseramente già agli ottavi di finale contro la Francia per 2-0. La squadra Azzurra all' epoca non era abbastanza forte per competere per i Mondiali nè riuscì a qualificarsi per gli Europei del 1984. Invece nei

Mondiali in casa del 1990 tutto il mondo conobbe un'Italia da paura! Molti dei miei amici erano di nazionalità diverse, eravamo più o meno tutti tifosi di calcio. Io avevo la sfortuna di essere l'unico italiano tra 25 compagni di classe ed il clima si riscaldava sempre di più causa i successi dei club italiani negli ultimi due anni, in più una Nazionale ringiovanita e caricata dai successi dell'ultimo torneo Europeo del 1988 in Germania. Nel 1990 frequentavo la I° media del Baerenkeller. Già mesi prima del torneo ero molto eccitato e non vedevo l'ora che il Mondiale iniziasse in Italia. Si, proprio in Italia, la Nazione che ospitava nel proprio campionato campioni del calibro di Van Basten, Gullit, Rijkaard, Maradona, Matthaeus, Brehme, Klinsmann, Vialli, Mancini, Baggio, Baresi e Maldini. Che tempi memorabili! Ero innamorato pazzo del calcio! Oppure era già qualcosa di più! L' Italia, un Paese che, come pochi al mondo, riesce ad incantare e fare innamorare le persone! Il Paese che all' epoca ha regalato le squadre di Club più forti del mondo! Molti dicono che i Mondiali del 90 furono il miglior torneo di tutti i tempi. Però a mio parere i migliori furono i Mondiali del 2006...non ci siamo ancora, ma ci arriveremo dopo :-)... L'entusiasmo e la passione dei Mondiali del 90 non avevano avuto eguali prima! Non solo perché arrivò in finale la Germania, ma anche perché c'era l'Italia in corsa per il titolo. Era tutto perfetto: la Nazione, la gente, la cultura, il cibo, il clima e tante altre cose! Forse non eravamo "perfettissimi" per la tipica mentalità tedesca, ma era tutto così irresistibilmente tipicamente italiano! Sempre più spesso capitava che mi scontravo con i miei compagni. A volte capitava che si oltrepassava il limite. A volte le davo, a volte le prendevo. Era un susseguirsi di battute tipo…

…Credetemi cari lettori, erano ancora discussioni tranquille queste! Anche mio padre contribuiva ad innalzare il livello di tensione in casa nostra. Già mesi prima del Mondiale faceva tanti straordinari per poter poi beneficiare di quei soldi per i mesi estivi del torneo. Quando a gennaio tornò da una vacanza in Italia mi portò tanti oggetti da tifo: asciugamano con la scritta "ciao", magliette, spille e adesivi. Il regalo più bello però fu una musicassetta di Gianna Nannini ed Edoardo Bennato con l'inno ufficiale di Italia 90: Un' estate Italiana. Mamma mia... a casa ascoltavamo quella canzone tutti i giorni dalla mattina alla sera.

Si! Il mondiale poteva avere inizio. Non c'era discussione, il Mondiale lo avremmo vinto noi! La Nazione di calcio per eccellenza, con le squadre di Club più forti, insomma una Nazionale favolosa! Chi poteva fermarci più! A Torino, Genova, Palermo, Udine e Bari stavano nascendo nuove arene. A Bari costruirono un bellissimo stadio diviso in due parti: una parte costruita sul terreno, l'altra parte supportata da pilastri, dove di notte lo stadio San Nicola somigliava di più ad un'astronave venuta da un'altra galassia. Gli stadi di Milano, San Poalo di Napoli, Firenze, Verona, Cagliari e l'Olimpico di Roma stavano in fase di restauro e di modernizzazione. Stavano aprendo a bizzeffe locali e bar cui venivano dati nomi ispirati al calcio ed al torneo di Italia 90. Altri preparativi venivano allestiti per l'evento sportivo più grande del mondo.

Più si avvicinava giugno, più contavo i giorni alla cerimonia di apertura a Milano. Il mio nervosismo cresceva sempre di più. Dopo che avevo già visto l'Italia vincere i riconoscimenti più prestigiosi, era ovvio che per me vincere il titolo in casa era obbligatorio. In più a scuola avevo una pressione immensa. Con le mie idee ed il mio fanatismo stavo solo contro tutti! Non avevo voglia di diventare il perdente di turno! Ma tanto niente poteva andare storto! Per l'Italia sarebbe stato un errore peccare di presunzione, sottovalutare l'avversario, entrare in partita come se avessero già vinto! Con Walter Zenga in porta avevamo il miglior portiere del mondo in quell' epoca. Nella sua carriera aveva vinto tre volte il titolo di miglior portiere del mondo, ma anche il suo sostituto, Stefano Tacconi della Juventus, non era da meno. In difesa ci si doveva scontrare con campioni del calibro di Riccardo Ferri e Giuseppe Bergomi dell'Inter e Franco Baresi e Paolo Maldini del Milan. Il centrocampo prometteva di sfoggiare i migliori virtuosismi calcistici con Il Principe di Roma Giuseppe Giannini ed ancora Roberto Baggio, Carlo Ancellotti, Luigi de Agostini e Fernando de Napoli. E chi avrebbe potuto fermare un reparto offensivo del calibro di Gianluca Vialli, Roberto Mancini, Andrea Carnevale e "Totò" Schillaci! No, sicuramente mi facevo dei problemi inutili! Era la selezione più forte che l'Italia potesse mettere a disposizione! Tutti i Campioni di Inter, Milan, Juve, Roma e Sampdoria uniti in questa Nazionale! Già a partire da aprile non avevo nient' altro in testa! La finale di Coppa dei Campioni ed i Mondiali di Italia 90! Si, questi ultimi tre anni sono stati il top della mia ancora giovane vita da tifoso! Già dopo le feste natalizie la scuola non mi interessava più! Sempre più spesso mi dimenticavo di fare i compiti e le pause della ricreazione venivano usate per giocare a pallone o per organizzare partite dopo la scuola. Durante le lezioni di religione, come tanti altri alunni, disegnavo con la matita sul banco. Mentre gli altri disegnavano cuoricini, nomi di cantanti o simboli di marche, io scrivevo i nomi delle squadre italiane. Tutto il banco era pieno di disegni degli stemmi delle squadre. Per quel motivo un giorno il mio professore Heinrich mi rimproverò aspramente. Che fatica dover cancellare tutto con la gomma!

A fine aprile il tempo ci riservò un paio di giorni freddi. Acqua e vento non allietavano la primavera. Così dopo la scuola, quando tornavo a casa, dovevo accendere il forno ad olio nella nostra cucina altrimenti il freddo nel nostro vecchio appartamento diventava davvero insopportabile! Così fu anche quel venerdì, solo che quella volta venne il mio amico Bennie a casa mia. I miei genitori stavano ancora lavorando. Noi volevamo giocare al -Punch out- (Box, Mike Tyson) sul mio NES. Si, ogni tanto pensavamo anche a qualcos'altro oltre che al calcio! Ovviamente per prima cosa entrai in casa e misi l'olio nella stufa. Iniziammo subito a giocare ed eravamo così concentrati che ci dimenticammo di tutto il resto. Solo che dopo quasi tre quarti d'ora ci accorgemmo che l'ambiente non si stava riscaldando. Ci eravamo dimenticati di accendere la stufa così andai di corsa a cercare un pacco di fiammiferi solo che non ero più sicuro se potevo accendere la stufa causa l'aumentata quantità di olio. Me la sentii di rischiare, ma nello stesso tempo pensavo…

«Se arriva mia madre e si accorge di tutto quell'
olio nella stufa… no, sicuramente andrà bene»

…I fiammiferi continuavano a spegnersi ogni volta che li buttavo dentro. Bennie era preoccupato per quella situazione, lui diceva di raccogliere un l'olio in eccesso con dello Scottex, ma io non ero d'accordo perché ci sarebbe voluto troppo tempo e poi tutta la casa avrebbe puzzato di olio. Così accesi un pezzo di carta e lo buttai nella stufa sperando che sarebbe andato tutto bene. Finalmente la stufa si accese così ci sedemmo di nuovo a giocare. Poco tempo dopo arrivò mia madre e naturalmente si accorse subito che la fiamma della stufa era eccessiva e che la temperatura nella sala era soffocante. Precauzionalmente avevamo comunque già spento la stufa prima di riaccenderla, ma la quantità di olio all' interno era talmente eccessiva che la situazione rischiava di diventare veramente pericolosa! Nel frattempo la nostra cucina si era trasformata in una sauna, io e mia madre iniziavamo a preoccuparci perché la stufa non accennava a spegnersi, anzi la situazione stava peggiorando. Bennie, preso dal panico, andò via da casa mia. Anche io stavo iniziando a sudare per la paura! Quando poi il fuoco della stufa iniziò a colorarsi di un rosso acceso, il caminetto non aspirava più e a quel punto l'unica soluzione che ci venne in mente fu di chiamare i pompieri. Lottavamo con tutti i mezzi contro il fuoco, per fortuna mia madre arrivò in tempo a casa altrimenti io, nella mia inconsapevolezza giovanile, avrei buttato un secchio d'acqua dentro la stufa perché il fuoco non accennava a spegnersi. Anche i vicini di casa ormai erano impauriti perché temevano che tutto il palazzo avrebbe potuto prendere fuoco. Invece proprio quando arrivarono tre macchine di pompieri nel cortile di casa, il fuoco iniziò a diminuire fino a spegnersi. Eh sì, avevo combinato un disastro con quella stufa! Anche i miei risultati scolastici erano più che catastrofici, io non pensavo assolutamente ai miei doveri quindi i miei genitori mi rimproverarono aspramente, avevo proprio il morale a terra!

Così il Mondiale iniziò in questo clima infuocato, l'unica cosa positiva erano le ferie di Pentecoste anche se mi rendevo conto che non potevo mancare all'inizio dell'attività scolastica. Tutti noi ci ricordiamo come andò a finire quel Mondiale. Se dovessi farne un riassunto mi vengono in mente tanti momenti belli, anche se ho tanti vuoti di memoria. Come ad esempio la partita inaugurale dove l'Argentina perse la partita a San Siro contro i Leoni indomabili del Camerun del "venerando" Roger Milla. Il marcatore decisivo fu Omam-Biyik che con un colpo di testa segnò il gol d'oro contro i Gauchos Argentini. Si, Milano non era più una terra promessa per Maradona!

I dribbling di Higuita, portiere colombiano che usciva quasi fino a centrocampo, lo hanno reso famoso in tutto il Mondo, ma proprio quei dribbling risultarono fatali contro il Camerun agli ottavi di finale. Dopo la sorpresa del Camerun c'erano altre squadre che stavano facendo parlare di loro come il Costa Rica, la Romania e l'Irlanda. Il Costa Rica si qualificò alle spalle del Brasile prima della Svezia e della Scozia per il girone successivo. Anche l'Irlanda riuscì a qualificarsi prima dell'Olanda. Chi pensava che l'Argentina avesse solo dormito nella partita inaugurale si stava sbagliando di grosso! Anche nell' ultima partita del girone non riuscirono ad andare oltre un pareggio contro i rumeni. Solo con tanta fortuna si trovarono nel girone dei migliori Sedici, che potevano lottare per un posto nei quarti di finale. La Germania, che si era auto dichiarata per favorita, nella sua partita inaugurale andò a vincere contro la Iugoslavia battendo con un sonoro 4-1 i balcanici. Da non dimenticare la rete di Lothar Mattheus grazie ad una notevole rincorsa e ad un dribbling da favola, favorito anche dal portiere iugoslavo, il quale, subendo 2 su 4 goal, non si dimostrò proprio impeccabile. Il Brasile stava come sempre dominando il gioco ed era, dopo l'Italia e la Germania, una delle massime favorite per la vittoria finale.

L'Italia giocò in casa contro l'Austria uno spettacolare calcio offensivo, a mio parere il calcio più bello dal punto di vista offensivo finora mai giocato. Carnevale e Vialli avevano un'occasione dopo l'altra, ma la palla non voleva proprio saperne di entrare in porta. E poi arrivò lui, Totò Schillaci, il piccolo siciliano, che molti italiani del nord avevano insultato, addirittura gli avevano anche sputato in faccia. Lui arrivò e segnò dal centro area con un colpo di testa fortissimo liberando una Nazione intera dal peso dell'attesa di tante occasioni sprecate. Un' attesa che nel cuore di ogni italiano durava da più di ottanta minuti. Egli indossava anche la maglia col nr. 19, il giorno del mio compleanno, il mio numero portafortuna. Poco prima del mondiale il cantante Toto Cotugno partecipo' all' Eurovision Song Contest con il Numero 19 e andò a vincere il Festival con la canzone –INSIEME-. Come possiamo definirlo? Destino o pura casualità? Cosa ci avrebbe riservato ancora questo piccolo siciliano? Totò Schillaci, in poco meno di 15 minuti era nata una piccola star, speranza di una Nazione intera!

Nei gironi della prima fase 1-0 fu il risultato contro gli Usa a favore dell'Italia e stavolta fu Giannini a far esultare una Nazione intera, dove a differenza della partita precedente con l'Austria nello stesso girone, l'Italia disputò una partita paurosamente sulla difensiva. Anche contro la Ceco-slovacchia si andò a vincere senza tanti problemi per 2-0. Allora con 6 punti, 4 goal fatti e nessun goal subito si andò agli ottavi di finale. Qui anche contro l'Uruguay i nostri ragazzi vinsero per 2-0. Nei quarti di finale incontrammo la squadra sorpresa dell'Irlanda e con un poco spettacolare 1-0 ci qualificammo per la semifinale.

In questa fase l'Italia ebbe a che fare con Diego Armando Maradona, il dio di Napoli, il campione più odiato ed amato. In Italia si sente raccontare la storia che i funzionari del Napoli andavano in giro con la borsa per raccogliere soldi per poterlo portare al SSC Napoli! Il Brasile arrivò agli ottavi di finale scontrandosi con l'Argentina, ma traverse e pali fermarono la corsa dei Cariocas. Poi a dieci minuti dalla fine il Pibe de Oro inventò un passaggio filtrante servendo a Caniggia il pallone che non diede scampo al portiere verde oro Taffarel.

Anche ai quarti di finale l'Argentina ebbe la meglio ai calci di rigore sulla Iugoslavia, anche forse con un po' di fortuna! Un altro giocatore argentino è degno di essere nominato, Il terzo portiere Sergio Goycochea, che per vari motivi fu chiamato a difendere i pali della sua squadra al Mondiale. E lo fece proprio alla grande! Sulla linea riuscì a neutralizzare le conclusioni di due giocatori iugoslavi, così alla fine i Gauchos argentini scoprirono di avere un demonio a difendere i loro pali.

Prima della semifinale Italia-Argentina Maradona riscaldò l'ambiente con delle dichiarazioni ad effetto. L'Italia per la prima volta doveva lasciare la sua amata Roma per andare a giocare la semifinale a Napoli. Il Napoli di Maradona, che in quel periodo era il loro dio onnipotente. Maradona rilasciò delle dichiarazioni affermando che quella era una partita casalinga per l'Argentina e che lui sperava in un supporto del popolo napoletano per la sua squadra! Si rivolse al popolo partenopeo dicendo…

«Napoletani, o siete per Maradona o siete italiani».

…Io non potevo credere che un vero italiano, per giunta napoletano, potesse tradire la propria patria arrivando a tifare per la squadra avversaria. Insomma lo stadio San Paolo era un tripudio di bandiere tricolori, per tutti era chiaro che saremmo andati in finale contro la Germania! Sicurissimo! Però di sicuro a questo mondo c'è solo la morte. L' Italia giocava bene, anzi benissimo, stavamo dominando il gioco. Con una bella azione orchestrale l'Italia andò in vantaggio con il solito Totò Schillaci. Se avessimo condotto un gioco più aggressivo avremmo potuto raggiungere anche il risultato del 2-0. L'Argentina stava cercando con dei falli cattivi di tornare in partita, allo scadere del primo tempo Goycochea parò un tiro imparabile a De Agostini. L' Argentina giocava davvero duro così si arrivò ad una espulsione e vari cartellini gialli. Certo avevamo sognato troppo presto la finale! L' Italia aveva sottovalutato gli argentini e le loro occasioni andavano aumentando. Ad un quarto d'ora dalla fine arrivò purtroppo quello che nessuno avrebbe mai voluto. Una punizione dentro l'area di rigore e Walter Zenga non riuscì a parare un colpo di testa di Caniggia. 1-1... Il primo goal subito dalla squadra azzurra! Ovviamente scioccati si cercava disperatamente di rimontare il gioco, invece le occasioni che arrivavano fallivano miseramente. Il gioco degli Azzurri sembrava a tratti assalito come da attacchi di panico. Ci si scontrava contro il muro degli argentini, i quali era palese volevano arrivare ai calci di rigore. Ovvio che, con un uomo meno in campo, era obbligatorio per loro arrivare ai rigori! Anche il fatto che per sbaglio gli arbitri francesi fecero giocare più dei 15 minuti previsti per il primo tempo supplementare non portò nulla di buono all'Italia, che perse ai rigori, fallimmo dopo che Aldo Serena e Roberto Donadoni si fecero parare i loro rigori proprio da quel Goycochea.

Fu la fine di un grande sogno! Non aver perso ed essere ugualmente eliminati per un solo goal subito! Dura realtà! Così dura che per la prima volta vidi scendere delle lacrime sul viso di mio padre per una partita di pallone. Non era l'unico a piangere in quella partita spettacolare, forse la più spettacolare di tutto il torneo.

Stessi pianti erano successi anche durante la partita tra la Germania e l'Olanda agli ottavi di finale, che finì 2-1 a favore dei tedeschi. Molti esperti si chiedono ancora oggi come sarebbe finita quella partita se Rijkaard si fosse controllato di più, sicuramente un giovanissimo Klinsmann non avrebbe fatto la partita della sua vita. Il centrocampista olandese dell'AC Milan fu espulso dopo l'azione del doppio sputo contro Rudi Voeller. Per quel cartellino rosso l'attaccante

Juergen Klinsmann aveva tutto lo spazio a disposizione per potersi muovere e segnare. Per me Germania-Olanda era un po' come il derby Milan-Inter. Scusatemi, ma io speravo proprio in tre goal di Marco Van Basten, invece Juergen Kohler quella sera ebbe sotto controllo totale il giocatore olandese. Nell'insieme comunque fu una partita storica!

Certo che anche l'altra partita in semifinale tra Germania ed Inghilterra non fu da meno in quanto a spettacolarità! La tensione della partita contro l'Olanda fu superata dalla vittoria ai rigori contro i -*three Lions*-. Ormai si sentiva in ogni bar, in ogni scuola, persino sulla strada che la Germania era la favorita numero uno per il titolo.

L'Argentina aveva dalla sua parte tutti i cuori italiani! Alla squadra mancavano tanti giocatori fondamentali e agli spettatori neutri poteva sembrare una partita noiosa. Poche azioni, decisioni arbitrali controsenso, rigori certi non dati e viceversa... per me era difficilissima quella finale! Non sapevo a chi augurare la Coppa! Odiavo l'Argentina e Maradona! Dall' altra parte non potevo sopportare il parlare dei miei amici tedeschi e non. Escludendo Caniggia e Maradona, forse avrei gioito di più per l'Argentina. Secondo me la Germania ha vinto il Mondiale perché noi non siamo andati in finale ed ero molto arrabbiato per questo. Doveva essere il nostro torneo! Totò Schillaci capocannoniere, ma tutto ciò non era servito a niente!

Dopo la finale i miei genitori mi portarono sulla Maximilianstrasse dove erano in corso i festeggiamenti tedeschi per Il mondiale vinto. Sembravano tutti impazziti, le strade stracolme, talmente piene che anche i poliziotti festeggiavano insieme alla gente comune. La statua dell'Herculesbrunnen[1]

---

[1] Brunnen/Fontana

non si notava più a causa della gente che saliva sulla fontana. Bottiglie di birra che tappezzavano il suolo col rischio di scivolare. Con mia madre avevo litigato da giorni, lei e mio fratello sapevano quanto volevo questo titolo per la Germania, sotto zero nella mia scala emotiva. Quando ci trovammo sulla strada del ritorno a Koenigsplatz per prendere il pullman a mia madre venne l'infelice idea di chiamare mio fratello per condividere con lui la sua gioia per il titolo appena vinto. Io non pensavo a niente quando mio fratello dall' altra parte del telefono stava esultando di gioia con mia madre, ma quando ha chiesto di me in quel momento volevo solo vomitare dalla rabbia, però mi sono controllato ed ho risposto…

«Ciao Andrea, che bello,
la Germania campione,
siamo in città a festeggiare, olè olè olè»

…poi ho ridato la cornetta a mia madre, che mi guardava tutta stupita, ma tutto sommato in modo positivo. Mio padre invece aveva le lacrime agli occhi e mi guardava sorridendo, lui sapeva bene che tristezza avevo dentro il cuore in quel momento. Perché mio padre doveva piangere di nuovo? Ed anch' io in quel momento stavo quasi per piangere. Dopo aprii la mia giacca e tirai fuori la mia bandiera italiana!...

«Papà»
dissi
«Io continuerò a venire qui a festeggiare sulla Maximilianstrasse e
negli stadi di tutto il mondo e diventeremo campioni del mondo e
poi saranno gli altri a piangere»
Lui mi disse…

«stai zitto adesso, altrimenti la mamma si
arrabbia di nuovo».

...Come ho odiato in quelle ore i tedeschi, ma anche gli argentini! Nel cuore di un italiano non c'è posto per altre squadre. Se non fosse così, non sarebbe amore vero! E questo vale per tutti! Ne sono sicuro a tutt'oggi! Avrei voluto vedere passeggiare Beckenbauer con in testa altri pensieri dopo la fine della partita sul campo dell'Olimpico se la squadra avversaria fosse stata l'Italia! Tutto il torneo si svolse perfettamente, merito di Luca di Montezemolo l'organizzazione perfetta per quell' evento anche se il finale non fu quello sperato, ma anche noi italiani abbiamo festeggiato con un piccolo premio di consolazione, cioè il terzo posto raggiunto a Bari contro l'Inghilterra e tutti i ragazzi festeggiarono i Campioni. Comunque in un certo senso l'Italia riesce sempre a vincere qualcosa in quanto nella Germania vincitrice del titolo giocavano Thomas Berthold e Rudi Voeller della Roma e Klinsmann, Matthaeus e Andreas Brehme dell'Inter. Pochi mesi dopo fu fatta un'inchiesta su chi fosse l'uomo più odiato nel paese. Anche prima di Saddam Hussein fu Maradona a vincere questo titolo!

La Nazionale a seguire passò un profondo periodo nero. Ancora nel pieno delle qualificazioni per L'Europeo 92 in Svezia fu esonerato Azeglio Vicini a favore di Arrigo Sacchi. Ma nonostante il cambio in panchina non riuscimmo a qualificarci per il torneo. L'obbiettivo comunque erano i Mondiali americani del 1994, con il Mister Arrigo Sacchi, quell' allenatore che da venditore di scarpe ha portato sul tetto del mondo il Milan e che invece in quel momento aveva il compito di portare la nostra Nazionale con campioni maturati e nuovi giovani talenti a vincere il quarto titolo mondiale.

Una Fiaba Danese

Di certo non posso fare una colpa a mio padre del suo senso di responsabilità verso la famiglia e del suo legame forte verso il mio povero fratello scomparso, ma ribadisco che almeno nei fine settimana avrebbe potuto passare un po' più di tempo con me o con mia madre, invece lui imperterrito usava il suo tempo libero per le grosse spese e le lunghe visite al cimitero. La sera poi era troppo stanco per fare qualcosa con noi e si metteva sempre comodo a leggere il giornale. Dopo cena era la televisione il nostro passatempo. Si può proprio dire che io e lui non abbiamo avuto un rapporto padre-figlio in quegli anni. Per lui era ovvio che mia madre si occupasse della mia educazione, che preparasse la cena e si occupasse della casa, anche se nei fine settimana cucinava lui.

Poi la domenica mattina era fondamentale che si andasse alla Santa Messa. Come la odiavo! Per me era una cosa noiosa, ma mio padre mi obbligava ad andarci. Se mi rifiutavo, lui mi negava il pranzo della domenica! Tutto questo terminò all' età di 17 anni, quando nei fine settimana non dormivo più a casa. Avevo trovato un modo per evitare la chiesa. A lui non piaceva la Messa che predicava Padre Mair nella Chiesa St.Konrads nel quartiere Baerenkeller, per lui era troppo noiosa. Soprattutto non gli piaceva il coro che veniva accompagnato da una chitarra. Io lo aspettavo ogni volta nel cortile della chiesa da dove potevo controllare la fermata del pullman e appena lui ci saliva sopra per andare ad Oberhausen per vedere la Santa Messa nella Chiesa Peter e Paul, io andavo da Bennie a giocare alla Nintendo. Questa piccola presa in giro domenicale mi riempiva di soddisfazione!

I miei non avevano una relazione serena. Mio padre si comportava da tiranno e aveva sempre da ridire su mia madre, lei di conseguenza era sempre nervosa e di mal umore e tutto questo si rifletteva in modo negativo sul ménage familiare. Alla fine dei conti erano entrambi colpevoli per questo rapporto non proprio idilliaco. Oh mio Dio, quante domeniche ero già sveglio alle 8 del mattino perché loro stavano litigando per qualche cavolata. Dormire di domenica per tutta la mattina per me non esisteva! Se ripenso a quei tempi, sto male ancora oggi! Non è che la nostra vita quotidiana fosse tutta da buttare, ma non c'era armonia e non ci divertivamo mai tutti insieme. Le domeniche pomeriggio, durante le quali tutte le altre famiglie uscivano tutti insieme, io invece le passavo solo con mia madre. Lui era troppo stanco per la settimana lavorativa e quindi tutti i sabati sera e le domeniche pomeriggio riposava e guardava lo sport in Tv. Io e mia madre uscivamo per fare lunghe passeggiate e andavamo a trovare le sue amiche o i nostri zii.

L'unica cosa che faceva con noi mio padre era di fare un giro una volta all'anno alla festa della birra di Augusta, la Plaerrer. Questo per me non è che fosse il massimo a cui aspiravo, ma ormai stavo diventando grande e gli amici erano un buon rimedio, era quasi come se mi fossi scelto un'altra famiglia! Con mio fratello maggiore di tredici anni non passavamo mai tempo insieme, per lo meno non me lo ricordo! Nonostante tutto non mi sono mai annoiato, perché, come già detto, avevo i miei amici, le ragazze greche ed i miei campi di calcio. Da quando sono padre io, comparo la mia infanzia con quella di mia figlia e per questo provo tanto rammarico di non aver potuto passare più tempo insieme a mio padre. Nei primi due anni non avevo un legame molto stretto con mia figlia Farina, oggi invece è tutto diverso! Oggi mi rallegro per ogni nuovo capitolo della sua vita, lei è la mia migliore amica, il raggio di sole che scalda il mio cuore, la cosa migliore che potesse capitarmi! Lei è al di sopra di tutto, al primo posto! Ma dopo vi racconterò di più a proposito!

Dopo tanto elemosinare raggiunsi il mio obbiettivo durante la quinta classe: mia madre ed io riuscimmo a convincere mio padre, o diciamo meglio, lo ignorammo completamente nella decisione ...mia madre trovò il coraggio di tenergli testa ad ogni litigata e mi iscrisse nella squadra di calcio del Baerenkeller. Forse si era convinta perché l'avevo stressata a lungo! Finalmente un giorno di primavera arrivò il mio momento! Mi ricordo benissimo... le mie prime scarpe da calcio, delle Adidas Coppa Mundial, pelle nera e morbida con tre semplici strisce bianche ai lati. Ero così orgoglioso ed innamorato di quelle scarpe! Fosse per me non le avrei mai tolte! Questa prima avventura calcistica non durò molto, solo finché ottenni il posto da titolare nei Giovanissimi della SPVGG Baerenkeller. Nel primo anno diventammo vice campioni, secondi solo dietro ai Giovanissimi della FCA. Io giocavo nel ruolo di difensore sinistro, ma già ero sicuro che per arrivare più in alto avrei dovuto cambiare squadra in futuro.

Dopo due anni la mia strada mi portò proprio nella squadra rivale, la Stadtwerke SV Augsburg, la squadra giovanile di Raimond Aumann, ex portiere del Bayern Monaco. Con Stawa passai i momenti più belli della mia carriera giovanile. Con una squadra di giovani promesse internazionali festeggiammo traguardi importanti nella Bezirksliga[1]. Andammo a giocare fino a Kempten in Algovia. Per tre anni di fila partecipammo al Torneo Internazionale di Costanza e lo vincemmo per ben due volte. Un periodo fantastico! Seguivamo le regole con ferrea disciplina! Durante gli allenamenti eravamo sempre più di venti giocatori. Ero orgoglioso di fare parte di quella squadra! Con la Stadtwerke avevo trovato la mia squadra. Negli anni con tanto impegno avevo raggiunto una condizione fisica ed una tecnica di gioco straordinarie. Giornalmente passavo in media più di 4 ore sul

---

[1] Lega distrettuale

campo e non mi importava se fuori c'erano 10 gradi sotto zero! Io ed i miei compagni, per motivarci, sognavamo di giocare partite del calibro Italia contro Germania o Bayern contro Milan. Così nei mesi estivi giocavamo fino a tardi, io giocavo sempre per il Milan ed il mio idolo era Marco Van Basten. La mia carriera purtroppo terminò prestissimo, già alla tappa della Primavera. Soffrivo di infiammazione ossea recidivante, che proprio non voleva guarire. A quindici anni poi conobbi Cristina, il mio primo amore. A un certo punto lei cominciò a dire…

«Dai tesoro, non ci andare all' allenamento,
stai con me oggi!»

…Il giovedì diceva…

«Dai, ci vai la prossima settimana!»

…Come un lampo passarono 4 settimane e mi stava diventando chiaro che il mio sogno stava svanendo. Se potessi tornare indietro nel tempo con la consapevolezza di oggi!... Allora invece non ce la facevo più a sopportare quei costanti dolori dopo ogni allenamento e questo per me era diventato un motivo valido per passare più tempo con Cristina. Per la prima volta facevo esattamente il contrario di ciò che avrei voluto realmente fare nella vita! Ogni volta che non andavo agli allenamenti ero arrabbiato con me stesso, ma col passare del tempo mi abituai alla nuova situazione. A sedici anni dopo un grave incidente stradale ripresi con gli allenamenti, ma non avevo più la voglia e la determinazione di diventare un grande campione. Tanto sapevo che il mio sogno non si sarebbe mai realizzato, perché la mia vita aveva subito tanti cambiamenti. Da lì nel giro di due mesi arrivai a un punto fermo della mia vita, stava infatti per iniziare la mia vita lavorativa. Ma non erano due mesi qualsiasi!

Nel 1992 poche settimane prima che iniziasse il mio apprendistato, in Svezia si svolgeva il Campionato Europeo dal 10 fino al 26 giugno. Una situazione strana per me in quanto l'Italia non vi partecipò. Dopo il Mondiale 90 non c'era stato un cambio generazionale e così non riuscimmo a qualificarci. Che premio di consolazione sarebbe stato per noi questo mini torneo, come lo chiamerebbero oggi, a differenza dei tornei di oggi! Non vincemmo il Mondiale in casa per poco ed anche la cavalcata europea del Milan trovò un brusco stop a causa di un anno e mezzo di squalifica dalle competizioni europee per colpa dello scandalo di Marsiglia, dove pochi minuti prima del termine della partita, causa la scarsa illuminazione nello stadio, il Milan si rifiutò di continuare a giocare perdendo così la partita.

Da non dimenticare nemmeno l'Inter che nel 1990/91 conquistò la Coppa Uefa, per il resto abbiamo vissuto le sconfitte della Sampdoria e del Torino nelle finali europee. Mi ricordo ancora oggi la mia sofferenza come sempre in grande stile! Mi sforzavo comunque di arrivare agli Europei di Svezia senza pressione e mal di pancia! Io ed i miei compagni come sempre ci scambiavamo i doppioni delle figurine Panini, anche se col passare degli anni stavano diventando sempre più care! Nel 1990 un pacchetto costava 40 pfennig, due anni dopo già 50 pfennig. Oggi calcolato in euro costano 60 centesimi e ci sono solo 5 figurine anziché 6 come una volta. La mattina prima di entrare in classe spendevo i soldi della paghetta nelle figurine invece di comprarmi del cioccolato o i Brezel. Ma tutto questo non mi bastava ancora, così molte volte cercavo nelle tasche dei miei genitori se per caso, insieme alla spesa, mi avevano comprato delle figurine. So che non è giusto, ma a volte arrivavo a rubare due marchi dal portafoglio dei miei!

Il nuovo Campione d' Europa doveva nascere tra 4 città europee in lizza e la Svezia si dimostrò una perfetta padrone di casa organizzando una gran bella festa calcistica. I semifinalisti furono divisi in 2 gruppi: il gruppo A era composto da Francia, Inghilterra, Svezia e dalla "ripescata" Danimarca; il gruppo B invece era composto da Germania, Scozia, Paesi Bassi e CSI (squadra neonata formata da atleti di 11 repubbliche appartenenti all' URSS).

A volte mi immagino come si sono sentiti i calciatori della Nazionale danese Peter Schmeichel o Brian Laudrup! Il Campionato era appena terminato, non si erano qualificati per gli Europei ed i giocatori si stavano pregustando un paio di settimane di vacanze e di relax. Magari avevano già preso la macchina o l'aereo per andare con la famiglia in qualche luogo di villeggiatura. Magari stavano sdraiati sulla spiaggia non pensando a nulla e tutto ad un tratto squilla il telefono. I giocatori danesi erano tutti in vacanza, chi in montagna, chi al mare, chi stava festeggiando un party e chi era dall' altra parte del telefono? Richard Moeller Nielsen, il commissario tecnico della Danimarca. Ma cosa può volere proprio adesso il Mister? Mah, sicuramente nessuno dei giocatori danesi si sarebbe immaginato una squalificazione della Jugoslavia. La Uefa aveva deciso, per colpa della guerra civile nei balcanici, di squalificare la squadra jugoslava. Così la squadra danese, poiché era arrivata seconda nelle qualificazioni dietro la Jugoslavia, conquistò il diritto a partecipare alla competizione. Non avendo nulla da perdere i danesi arrivano prontamente in Svezia con la consapevolezza di essere gli outsider e non una semplice squadra di rimpiazzo!

Per i tifosi danesi questo fu un regalo meraviglioso. Tanti tifosi "vichinghi" si misero in viaggio per seguire dal vivo le partite. I favoriti erano la Germania, la Francia, l'Olanda ed anche la Svezia, i padroni di casa. La favola danese iniziò l'11 giugno 1992 a Malmoe! Nel girone A davanti a 31.000 spettatori una squadra danese giovane e spregiudicata conquistò un 0-0 contro gli inglesi. Ci si aspettava molto di più dalla squadra britannica, una squadra con campioni del calibro di Gary Lineker, David Platt o Paul Gascoigne. Gli inglesi sentivano di essere più forti dei danesi quindi probabilmente nella partita inaugurale del torneo non misero troppa pressione nel giocare contro una squadra di rimpiazzo come la Danimarca, anche se avevano paura di fare brutte figure o di perdere addirittura la partita. Gli inglesi erano senz'altro dei professionisti da non sottovalutare, ma lo 0-0 non diede vita ad una partita molto piacevole.

Sempre nel girone A anche gli svedesi non riuscirono a vincere contro i francesi. Anche se la squadra francese aveva campioni di grosso calibro, non si capiva bene a chi dare il ruolo di favorita! La partita finì comunque 1–1. Nel gruppo B dopo due giornate la Scozia fu eliminata avendo perso con gli olandesi e con i tedeschi mentre gli ex sovietici ottennero due pareggi. La Scozia batté poi gli ex sovietici per 3-0, mentre l'Olanda, battendo la Germania per 3–1, si assi-curò il primo posto con gli avversari che passarono come secondi. Dal mio punto di vista questo torneo non era molto significativo. Per questo potevo vedere le partite con mio padre in tutta tranquillità, senza confronti a scuola, solo un magnifico silenzio! Ma quanto avrei voluto rinunciare a questo silenzio! Quanto mi mancavano i miei ragazzi Azzurri in questo torneo! Che brutte settimane! Questi 8 partecipanti non stavano convincendo per niente dopo la prima giornata, forse l'unica squadra degna era l'Olanda! Nella seconda giornata ancora non si riusciva a capire chi fosse la squadra favorita e così anche Francia e Inghilterra nel confronto diretto non riuscirono a spuntare la vittoria con un risultato finale deludente di 0–0. Le due squadre dopo i primi 180 minuti di partita non riuscirono ad esprimere la loro classe calcistica!

Che fine avevano fatto i vari giocatori francesi Deschamps, Papin, Cantona e Nimes? Non erano forse in grado di gestire la pressione di essere i favoriti?

L'ultima partita della seconda giornata vide il primo vincitore. La Svezia si aggiudicò il "derby scandinavo" per 1-0 contro la Danimarca qualificandosi al primo posto nel girone. Tutti erano convinti che la Svezia e la Francia si sarebbero qualificate per le semifinali. Pochi avrebbero scommesso per la Danimarca e l'Inghilterra, di quei pochi quasi nessuno per la Danimarca!

La Germania arrivò al suo primo successo battendo la Scozia per 2-0 arrivando prima nel proprio girone. Sicuramente la Germania con il suo nuovo allenatore, Mister Berti Vogts, rappresentava la squadra più esperta del torneo con i suoi campioni del mondo. Il timore era se la squadra, ancora reduce dagli insegnamenti impartiti da Franz Beckenbauer, sarebbe stata subito in sintonia con il nuovo Mister! Un' altra domanda alla quale si poteva rispondere solo a fine competizione era se i vari Matthaeus, Brehme, Kohler, Klinsmann e Voeller avevano ancora la ferrea volontà di vincere un'altra grande competizione!

A sorpresa l'Olanda, come la Germania, non riuscì ad andare oltre un pari contro gli ex sovietici. Per me i semifinalisti erano chiari: l'Olanda batte la Germania riscattandosi per la sconfitta del Mondiale 90. La Svezia sconfisse l'Inghilterra in una partita super drammatica per 2-1. La sera del 17 giugno lo stadio Rasunda nella cittadina di Sonda in Svezia visse una partita memorabile con la vittoria dei padroni di casa. La sorpresa più grande la fecero però i danesi! I francesi, con 2 punti e due goal fatti, potevano fare pure le valigie! La Danimarca, davanti a 31.000 spettatori ed i propri tifosi, celebrò una storica vittoria sui favoritissimi francesi per 2-1 a

Malmoe e si qualificò per la finale. Nel frattempo per i giocatori danesi Laudrup, Schmeichel e Vilfort il torneo si era trasformato molto di più che un semplice torneo vacanziero. Certamente nelle loro teste c'era un piccolo mostriciattolo che sussurrava loro che mancavano solo due partite per arrivare alla felicità totale! Sicuramente i giocatori danesi avranno provato a scacciare via questi pensieri, perché senza pressione tutto stava funzionando a meraviglia anche se tutti dovevano rendersi conto che erano rimaste solo quatro squadre e con un po' di fortuna si poteva andare oltre la semifinale.

La Germania perse meritatamente contro l'Olanda per 3–1, però i tedeschi ebbero una fortuna immensa perché gli impavidi "Bravehearts" scozzesi di Strachan, Mc Stay e Johnston riuscirono a battere gli ancora imbattuti ex sovietici per 3–0. Anche se non favoriti, gli ex sovietici si qualificarono al torneo, anche se Mychajlycenko, Protasov e Aleinikov non riuscirono ad evitare questa sconfitta a sorpresa. I tedeschi si ritrovarono in semifinale solo per la miglior differenza reti ed il confronto diretto.

Io e mio padre non avevamo alcuna fiducia nei confronti della sfavorita squadra danese, ma eravamo a favore di squadre più blasonate come ad esempio la Germania e l'Olanda. Con molta tranquillità ci aspettavamo una rivincita dell'Europeo 1988 con una partita tipo Germania - Olanda (per me sempre forza Milan!). Però ci sbagliammo alla grande! In semifinale la Germania, dopo un iniziale doppio vantaggio sulla Svezia, fissò il risultato finale sul 3-2 squalificando gli svedesi e rubando loro il sogno di conquistare il titolo in casa propria.

Nell'altra semifinale l'Olanda dovette arrendersi alla Danimarca dopo la lotteria dei calci di rigore. Mi sembrava inspiegabile una simile disfatta olandese con campioni del calibro di Bergkamp, Gullit, Van Basten, Koeman e non da ultimo Rijkaard, anche se fu proprio Marco Van Basten a sbagliare il rigore decisivo contro i danesi. Un altro idolo era diventato un tragico eroe!

Così la Germania e la Danimarca arrivarono a contendersi il titolo di nuovi campioni d'Europa. Molti danesi erano arrivati a Goeteborg il 26 giugno per la finale. Essi, dopo le vittorie contro la Francia e l'Olanda, erano molto euforici e desideravano la corona Europea. Non erano mai arrivati così vicini ad un grande trionfo. Tutta la Danimarca viveva una sensazione mai vissuta prima. Ma chi erano questi danesi? Li avevano chiamati all'improvviso mentre erano in vacanza per tappare un buco altrimenti il torneo sarebbe saltato e già solo per questo fatto avevano avuto il loro tributo!

Cari lettori, vi ricordate di Peter Schmeichel del Manchester United, John Sivebaek, Lars Olsen, Kent Nielsen, Torben Piechnik, Brian Steen Nielsen, Henrik Larsen, John Jensen, Johnny Molby, Kim Vilfort, Morten Bruun, Per Pedersen, Lars Elstrup, Bent Christensen, Flemming Povlsen, Brian Laudrup? Menziono questi giocatori perché sono sicuro che tutti quanti sono arrivati uniti al torneo, quasi come fratelli, consapevoli di non aver nulla da perdere e solo in due settimane hanno dimostrato che c'erano con tutto il cuore. Sono riusciti a sfruttare perfettamente ogni occasione ricevuta fino a raggiungere qualcosa di grande, che nessuno pensava possibile. Arrivarono in sordina ed alla fine conquistarono tutto il mondo calcistico Europeo. Il giorno dopo i giornali scrissero…

«Una cosa così succede solo ogni 100 anni»

…Io ero convinto di questo titolo altisonante. La festa non si celebrò solo nello stadio. Tutti i bar erano stracolmi.

Solo pochi danesi avevano immaginato un arrivo in finale, così in migliaia già dopo la vittoria in semifinale contro l'Olanda si riversarono a Goeteboerg per festeggiare un'ipotetica vittoria in finale.

Anche tanti tifosi tedeschi arrivarono allo stadio, penso che in tanti si ricordano come andò a finire questa finale. Nello stadio Ullevi di Goeteborg i giocatori danesi fiutarono la grande possibilità. Con tanta grinta e cuore, volontà e disciplina misero in ginocchio i campioni del mondo in carica. Se volevano vincere un grande titolo per entrare nella storia, far diventare vero un sogno danese, era arrivato il momento giusto! Mancavano solo pochi passi al titolo, un titolo per il quale nessuno avrebbe scommesso un solo centesimo su questa squadra all'inizio di questo torneo. Però i giocatori danesi se la sono giocata come se si trattasse della loro vita! In una partita tutto sommato equilibrata furono proprio i danesi ad andare subito in vantaggio. Da squadra riserva per la Jugoslavia i danesi si aggiudicarono il titolo di campioni d' Europa con il risultato finale di 2–0, il più grande successo nella storia danese! Era anche il più grande miracolo calcistico dopo il miracolo di Berna. Io e mio padre gustavamo con grande soddisfazione le manifestazioni di gioia di Goeteborg. Lui continuava a raccomandarmi di non prendere in giro la mamma, la quale aveva visto la partita un paio di isolati più in là a casa di sua zia. Però un sorriso soddisfatto non riuscii proprio a negarmelo al suo rientro a casa. Che dire, ridere delle sconfitte altrui dà più gusto!

Nel 1992 il campionato Europeo non aveva gli alti standard di oggi. Con solo 8 squadre in lizza non veniva rispecchiata la reale forza di tutte le altre squadre europee. 4 anni più tardi era già tutto diverso! Nel campionato Europeo del 1996 in Inghilterra il torneo acquistò più fascino, quasi da paragonare ad un Mondiale! Con le migliori 16 squadre europee molti allenatori dicevano che era più facile vincere un Mondiale che l'Europeo. Questa affermazione non era del tutto sbagliata. Le migliori squadre arrivarono principalmente dall' Europa, ad eccezione di Argentina, Brasile, Messico e qualche squadra africana. In quel periodo il calcio mondiale offriva poco a livello tecnico tattico, l'alta professionalità apparteneva solo alle squadre europee. La mancata partecipazione dell'Italia agli Europei del 1992 è stata dolorosa per me, ma non insopportabile! I miei pensieri erano già ai Mondiali americani del 1994. A volte però mi chiedo chissà quale risultato avrebbe potuto raggiungere l'Italia in Svezia. L' Italia era la squadra riserva per l'ex Unione Sovietica, ma l'Uefa chiuse un occhio perché allora la situazione in quei paesi non era così drammatica come nei Balcani permettendo così la loro partecipazione al torneo. Alla fine poi andò tutto bene, come ci si aspettava!

Il miracolo di Atene

Il 18 maggio 1994 è stato uno dei giorni più belli della mia vita, un giorno che ricorderò sempre per gli eventi accaduti...

Dopo gli anni ricchi di successi 1988, 1989 e 1990, nei quali i Rossoneri avevano vinto tutto ciò che si poteva vincere, seguì l'anno 1991 senza alcun titolo. Forse fu un anno di transizione che servì loro anche per rigenerarsi e probabilmente il danno si sarebbe potuto minimizzare. Nei quarti di finale di Coppa dei Campioni avevamo come avversario l'Olympique Marsiglia, non un buon avversario, questo lo posso dire tranquillamente, il cui presidente Bernard Tapie, uomo molto ricco, aveva investito molti milioni nella sua squadra. Si conosceva la forza della squadra francese! In poco tempo Tapie aveva creato una squadra ostica e forte, una squadra con un solo obbiettivo davanti agli occhi: la conquista della Corona europea. Ogni altra squadra avevo desiderato per i quarti di finale, ma non il Marsiglia!

La partita di andata, dopo tante occasioni sprecate, era finita 1-1 con reti di Gullit al 15' e Papin al 27'. Se la squadra fosse stata più offensiva e se avesse giocato con più cattiveria, sicuramente avremmo evitato l'eliminazione. Ma dopo gli ultimi due anni mancavano sicuramente mancava brillantezza e voglia di cambiare rotta definitivamente! Non avevo una sensazione positiva nell' affrontare l'Olympique! Con una perfetta trappola di fuorigioco i francesi riuscirono ad azzerare il reparto offensivo italiano. Il Marsiglia giocò super concentrato e disciplinato. Alla fine bastarono un paio di contropiedi per segnare i goal vittoriosi contro il Milan. Già dopo i primi 15 minuti di gioco ci si poteva immaginare l'andazzo della partita, però il peggio per il Milan doveva ancora arrivare! All' 88' ci fu un black-out di uno dei quattro riflettori dello stadio, il gioco fu interrotto per un paio di minuti e l'arbitro, dopo vari accertamenti sulla visibilità, decise di continuare la partita. Galliani in testa ed i giocatori del Milan però si rifiutarono di continuare a giocare in queste circostanze e rimasero negli spogliatoi. Dopo vari tentativi dell'arbitro di convincere i giocatori del Milan a scendere in campo, ma senza esito, la partita terminò in anticipo, i Rossoneri persero 3–0 a tavolino. Silvio Berlusconi, che per impegni personali non aveva potuto essere presente a Marsiglia, guardò in televisione quella partita, che si sarebbe trasformata in dramma per il suo Milan! I suoi vari tentativi di prendere la linea telefonica per chiamare i suoi uomini allo stadio non andarono a buon fine, pertanto non riuscì ad intervenire sulla decisione e fu obbligato a dover accettare il caos che derivò dalla decisione di Galliani. Sicuramente questo caos avrebbe portato delle conseguenze negative! Dopo questa decisione insensata il Milan fu squalificato per un anno da tutte le competizioni europee. Senza dubbio al signor Berlusconi non fece per niente piacere la figura che fecero i suoi giocatori nella costa mediterranea francese. Quelle immagini che arrivavano da Marsiglia erano anche per me inspiegabili! Una squadra così grande e rinomata come il Milan non si poteva permettere di fare certe figure! Perdere, anche se dura da accettare, va bene, ma non in quel modo antisportivo e vergognoso! A scuola i miei amici avevano finalmente trovato un motivo per prendermi in giro, ma io sapevo che la mia squadra sarebbe tornata più forte di prima e, anche se questo pensiero non mi consolava molto, mi motivava a credere in un nuovo inizio! Forse era proprio quello che serviva al Milan: una motivazione nuova, un nuovo inizio, un nuovo obbiettivo! Nell' anno successivo al 1988 il Milan auspicava lo scudetto nel campionato italiano, questo avrebbe significato la qualificazione alla prossima Coppa dei Campioni. I Rossoneri sbaragliarono qualsiasi avversario che veniva loro assegnato e arrivarono in finale dove nientemeno c'era l'Olympique Marsiglia ad aspettarli. I Rossoneri, favoriti in assoluto, andarono a Monaco dove si svolgeva la finale nell' Olympia-stadion. Quanto avrei voluto assistere dal vivo a quella partita!

Quell' anno frequentavo la prima classe della scuola professionale. Alcuni miei compagni erano tifosi di calcio e per fortuna tra di loro c'era anche un milanista di nome Zlatan. Per lui, che non era italiano, ma metà serbo e metà croato, non c'era assolutamente alcun dubbio chi avrebbe vinto la Coppa. Io invece non ne ero così sicuro visto che tre anni prima l'Olympique aveva battuto l'AC Milan e poi, eliminando in semifinale lo Spartak di Mosca, arrivò in finale a Bari. In quella partita ai francesi mancò un po' di fortuna per aggiudicarsi la loro prima Coppa dei Campioni e così lo stadio San Nicola divenne luogo di trionfo per l'allora Top Club Jugoslavo, la Stella Rossa di Belgrado.

Nell'anno successivo, la stagione 1991/92 la Coppa dei Campioni si trasformò in Champions League, si giocò fino ai quarti di finale ad eliminazione diretta, poi delle restanti otto squadre furono fatti due gironi. Il primo classificato di ogni girone andò direttamente in finale. Nello storico stadio di Wembley si onoravano i primi finalisti di Champions League, la Sampdoria e l'FC Barcellona. In una partita super drammatica ad avere la meglio fu il Barcellona con una potente punizione da 25 metri di Ronald Koeman allo scadere dei tempi supplementari. Le due finali, quella di Bari e di Wembley, meritavano due degni vincitori. A Bari c'era tensione perché non si sapeva chi avrebbe fatto il primo errore, nessuna delle due squadre prevaleva sull'altra. Anzi fu proprio una partita orrenda da vedere! A Londra invece la Sampdoria di Vialli, Mancini e Attilio Lombardi sprecò tante occasioni da goal. Invece il Barca con Stoichkov, Luis Enrique, Baquero o Salinas più volte fece tremare i doriani. La finale di Monaco nel 1994 prometteva di non essere da meno per i nomi del Milan e del Marsiglia. Era bello poter andare di nuovo a testa alta agli allenamenti, indossare la maglia rossonera, automaticamente aumentava del 50% la nostra prestazione. Dopo gli allenamenti erano pochi i temi interessanti di cui parlare a parte la Serie A, la Bundesliga o proprio la Champions League. Ricordo molto volentieri quelle discussioni. Lì c'erano quelli del Barca, del Marseille ed i Milanisti, poi molti italiani erano "penosamente" Juventini, i quali si comportavano da neutrali o erano proprio contro il Milan diventando così traditori del calcio italiano. Io personalmente non potrei essere mai contro una squadra italiana, tranne se gioca proprio contro il Milan. Se la Juve o l'Inter avessero giocato una finale di Champions League contro un avversario non italiano, io avrei sicuramente tifato per le italiane perché preferisco che il titolo lo vinca una squadra italiana e non una straniera, ma di questo ne parliamo più tardi.

Senza una sola sconfitta il Milan arrivò alla finale di Monaco. Dopo le vittorie nel girone qualificatorio contro il Ljubljana per 4-0 in casa e 3-0 fuori casa, contro lo Slovan Bratislava 1-0 in Slovacchia e di nuovo 4-0 a San Siro, i Rossoneri raggiunsero senza problemi la fase successiva del girone. Sconfissero il Goteborg 4-0 a san Siro ed 1-0 in Svezia. Sconfissero tranquillamente anche il Porto due volte per 1-0 ed anche il PSV non fu un gran problema, 2-0 e 2-1. Con 12 punti fatti ed una differenza reti di 11 a 1 si era più che pronti a soddisfare la voglia di riportare un'altra volta la Coppa in Italia. I francesi non avevano convinto del tutto nella loro cavalcata verso il titolo, tuttavia avevamo ancora un grande conto in sospeso contro i francesi. Con tre pareggi (1-1 e 2-2 contro i Glasgow Rangers e 1-1 contro lo Spartak Mosca) i francesi non si distinsero per la gloria, comunque il 6-0 al ritorno contro i russi e altre due vittorie contro il FC Bruegge furono sufficienti per arrivare in finale.

In un'edizione nuova si affrontarono quindi in finale proprio il Milan contro il Marsiglia nell' Olympia Stadion di Monaco, cioè il duello che avevo previsto e temuto sin dall' inizio della Champions 1992/93. Per me era quasi impossibile non assistere dal vivo ad una finale. Se mio padre avesse conservato un po' di quel fuoco degli anni giovanili, sicuramente saremmo andati a Monaco a comprare i biglietti dai bagarini. Ma inesperto com'ero all' epoca e anche un po' imbranato, ascoltai i miei genitori e non andai da solo a Monaco, ma con il vissuto e l'esperienza di oggi nessuno al mondo riuscirebbe a impedirmi di vedere una partita di quella importanza! Ancora oggi mi rimbombano in testa le parole di mio padre…

> *«I biglietti costano sicuramente tantissimo!*
> *Sicuramente ci saranno degli incidenti davanti*
> *allo stadio! Devi lavorare il giorno dopo*
> *e non puoi andare fino a Monaco*
> *per quella partita! Sicuramente arriveresti*
> *a casa dopo mezzanotte!».*

…Quando penso agli argomenti dei miei, mi sale il nervoso ancora oggi! Al di là del risultato, l'importante per me era poter essere presente, dare tutto il mio supporto alla mia squadra, invece non potei fare altro che vederla in TV. Ammiravo nello schermo le coreografie da urlo che le tifoserie avevano preparato per motivare i propri beniamini: da una parte la curva Sud con un mare di sciarpe rossonere di migliaia di tifosi, dall' altra parte la curva Nord con un'infinità di palloncini biancoazzurri che rappresentavano i colori sociali dei francesi. Se si pensa alle regole rigide di sicurezza a Monaco dove erano vietate sia aste di bandiere lunghe più di un metro che fumogeni (sui fumogeni ci sarebbe tanto da dire!), si creò ugualmente un'atmosfera magica.

Molti giorni prima della finale avevo una sensazione strana nello stomaco. Entrambe le squadre erano molto motivate. I francesi due anni prima avevano dovuto fare la triste esperienza di una sconfitta in finale. Entrambe le squadre sapevano cosa aspettarsi! Il Milan con campioni come Gullit, Rijkaard, Simone, Massaro, Maldini, Baresi, Tassotti, il talento enorme di Lentini che veniva dal Torino al Milan ed un ritorno dall' infortunio della megastar Marco Van Basten. Il Marsiglia con Voeller, che dall' As Roma era venuto sulla costa francese, poi Boksic, Pelè, Deschamps ed anche Desailly, che sarebbe diventato un rossonero, non era da meno.

La partita si trasformò dopo mezz' ora come quella di tre anni prima: il Milan andava sempre in fuorigioco, il Marsiglia ebbe anche la fortuna di non andare in svantaggio nel primo quarto d'ora. Poco prima dello scadere del primo tempo con un fortuito calcio d'angolo, a mio parere ingiusto, i francesi andarono in vantaggio con Abedi Pele. Nel secondo tempo c'era da diventare pazzi, i Rossoneri che andavano sempre in fuorigioco, non c'era proprio modo di superare la difesa francese. Un Barthez, un Deschamps ed un Rudi Voeller, gli eroi di Monaco. Il Milan sconfitto in finale! Fatto completa-mente devastante per i tifosi milanisti! Dopo una Champions League così dominante da parte loro, in più anche il fatto che i Rossoneri fino a marzo 1993 erano imbattuti dalla bellezza di 58 Giornate di serie A. Solo contro il Parma nella 24esima giornata del Campionato in corso, la serie terminò dopo quasi due anni davanti al proprio pubblico a San Siro. Quasi due anni era durata questa serie incredibile di successi! E poi nel periodo dal 21 marzo al 26 maggio i Rossoneri in nove partite di campionato portarono a casa una sola vittoria. A complicare tutto in quel periodo ci fu pure la sconfitta contro la Roma nella semifinale di Coppa Italia. (Roma 2 - Milan 0, Milan 1 – Roma 0). Solo nella Champions

League eravamo assolutamente implacabili, come ho già raccontato prima!

Perché vi dico questo? Perché questa maledetta partita sarebbe potuta iniziare dopo il 26 maggio! Il Milan negli ultimi due anni aveva celebrato letteralmente un calcio da nuovo Millennio. Solo per il possesso di gioco avrebbe dovuto vincere quella finale. Come odiavo all'epoca i francesi e quanto avevo desiderato quel titolo! Come qualsiasi altro titolo vinto in precedenza del resto! Già all' epoca per me contava più la Champions League che un titolo nazionale e per questo non condividevo il pensiero di Franz Beckenbauer, che dava più importanza ad un campionato nazionale che alla Corona europea. Sicuramente si gioca per un anno intero, da 34 a 38 giornate, ogni settimana per conquistare il titolo! Solamente che in Germania come in Italia, Spagna ed Inghilterra è la stessa storia! In ogni campionato ci sono al massimo tre o quattro squadre che possono vincere il titolo. A livello europeo invece si triplicano le squadre che possono competere per il titolo. Se c'è una squadra che realmente ha delle speranze per vincere un titolo europeo, dopo aver vinto il titolo nazionale, ovviamente mi concentro di più sulla competizione europea. Cosa rende più felice un tifoso se non battere le migliori squadre europee o anche affrontare ogni anno le squadre europee più forti ed ancora dover lottare contro squadre meno blasonate delle quali però non voglio fare nessun nome.

Oggi non si ha più bisogno di vincere il proprio campionato in quanto nei campionati più forti basta già un buon terzo o quarto posto. A mio parere nessun campionato ha mai sofferto di questa regola. Con questa riforma anche le squadre più piccole hanno la possibilità di potersi presentare sul grande palco europeo e di aggiudicarsi i milioni in palio. Le partite di campionato hanno guadagnato di più in spettacolarità con questa nuova riforma. Molte volte si riusciva ad avere il biglietto per il grande treno europeo solo all' ultimo giorno! Ma per arrivare a questa riforma doveva passare un po' di tempo, molta acqua e raggi di sole dovevano cadere sui campi d'Europa... come si vede!

Dopo che il Milan aveva perso il titolo contro i francesi, a me ovviamente sembrò la fine del mondo! Nei due anni dopo la scandalosa eliminazione di Marsiglia, leggendo le Gazzette dello sport italiane, mi stavo rendendo conto cosa significava il calcio di club per il popolo Italiano. La gente si identifica con la propria squadra, il calcio viene posto sullo stesso livello della religione e della politica. Sballottato tra Milan e Nazionale Italiana, la mia passione cresceva sempre di più! Sempre nutrito dai racconti drammatici o entusiasti delle Gazzette, che raccontavano I pre e post partite, il mio interesse stava diventando passione pura. Io non ho mai fatto parte di quella categoria di figli...

«Mio padre è Juventino,
  mio zio è Juventino,
  I miei fratelli lo sono ed allora pure io!».

...Mio padre non mi ha mai costretto a seguire il calcio, ci sono nato con questa passione! Lui non poteva festeggiare grandi successi con la sua squadra, per questo era normale che tifasse sia per la Nazionale italiana che per qualsiasi squadra italiana presente nelle competizioni europee. Nei miei anni giovanili, prima di incontrare il Milan, non mi intendevo tanto di calcio europeo o, per meglio dire, non capivo proprio niente!

Dopo la vittoria del Mondiale '82, di cui non mi ricordo niente in quanto avevo solo 5 anni all'epoca, in ogni partita che mio padre guardava in Tv c'era Paolo Rossi. Si, proprio Paolo

Rossi è stato il primo giocatore che mi è rimasto impresso nella memoria! È ovvio che per me la vittoria del Mordiale spagnolo, avendo solo 5 anni all' epoca, resta una vittoria secondaria, non avendola vissuta come si deve, anche se per anni si parlò solo di quel Mondiale. No, io non ero uno di quei bambini a cui veniva inculcata la squadra per cui tifare. Io ho trovato la mia squadra negli anni di gloria. Per niente al mondo cambierei i colori della mia squadra per un'altra, anche se dovesse retrocedere in fondo alla classifica. Proprio questo pezzo di storia dell'AC Milan mi rendeva insopportabile la sconfitta di Monaco. Che partite bellissime aveva fatto la mia squadra in quella stagione! Avrebbe meritato sul serio di vincere! Comunque non era una grande sorpresa per me la vittoria del Marsiglia. Abituato al successo ed ai titoli, già mi autoconvincevo che nella stagione successiva avremmo vinto noi il titolo più grande. Vincere con squadre italiane per me era diventato qualcosa di grande. Ero dipendente da queste emozioni! E non potevo immaginarmi che questa fase sarebbe anche potuta finire.

Dopo aver terminato la scuola media ed iniziato la scuola professionale la mia vita cambiò di colpo. In pochissimo tempo conobbi molti italiani ed ebbe inizio un nuovo capitolo della mia vita. I Levis 501 erano i jeans del momento, le camicie a quadri la moda del momento. La tecno, la dancefloor e la blackmusic inondavano le classifiche e le discoteche. Single e Schiuma Party quasi ogni fine settimana erano nel programma del giorno. Era un periodo bellissimo! Il cambiamento drastico della mia vita lo devo a Zlatan, un compagno di scuola. Lui viveva ad Oberhausen, un quartiere meno tranquillo e bello di Augsburg, abitato in maggioranza da stranieri. Sempre più spesso si sentivano notizie di azioni criminali in quella zona. Ma Zlatan era un ragazzo corretto e devo proprio a lui un radicale cambiamento della mia vita. Prima indossavo dei jeans deformi, delle grandi camicie lasciate fuori dei pantaloni per nascondere un po' il fisico. Già all' epoca ero molto critico con me stesso e con il mio look, però mi resi conto che il mio fondoschiena ci guadagnava tanto in un Levis 501! E poi fu Zlatan che mi fece conoscere tutti gli italiani. Erano le cose più importanti per me all' epoca: il Milan, gli amici, le uscite e Christina, la mia ragazza del momento. Il Milan per me veniva sempre al primo posto, volevo sempre vincere con i Rossoneri per poter trasformare la notte in giorno con i miei amici, festeggiare sulla fontana di Ercole, girare con la macchina sulla Maximilianstrasse[1]. Oh come lo amavo! Molti dei miei amici ne erano sicuri, il Milan sarebbe tornato più forte di sempre! Per il nuovo campionato la squadra si rinforzava con dei campioni del calibro di Marcel Desailly da Marsiglia, di Zvonimir Boban, il più grande talento croato dell'epoca e dell'attaccante Dejan Savicevic. In più avevamo ancora il campione francese Jean Pierre Papin, che era stato acquistato il campionato scorso e quindi ci si aspettava una grande esplosione di stile nel gioco. Quell' anno doveva essere la volta buona! Nel campionato precedente il Milan era diventato campione d' Italia senza subire una sola sconfitta e quindi si puntava alla doppietta. Anche se quell' anno la fase a gironi non venne stradominata dal Milan, ma bastarono due vittorie per qualificarsi primi per le semifinali. Ci furono dei miseri pareggi contro Anderlecht, Porto e Brema. Queste partite portarono alla luce le criticità della squadra, ma puntualmente nella semifinale contro il Monaco I Rossoneri riuscirono a fare una prestazione di classe. Anche se quell' anno il Milan riuscì a vincere lo scudetto con non più di 36 reti in totale, sconfisse il Monaco con un sonoro 3-0 e si aggiudicò così l'accesso alla finale contro il Barcellona. Questi avevano già una squadra altisonante. I catalani erano diventati campioni di Spagna con la bellezza di 90 goal fatti. I loro campioni erano Romario, Stoichkov, Baquero, Guardiola,

---

[1] Straße/ Strada

Nadal, Koeman, Sergi. Con campioni di questo calibro un tifoso di calcio era obbligato a sognare perché con questi nomi ci si aspettava un gioco super offensivo. A mio parere la squadra catalana superava quella del 91/92, quella che aveva sconfitto la Sampdoria in finale. Senza darsi tante arie riuscirono a qualificarsi molto tranquillamente con 4 vittorie e due pareggi. Anche la semifinale contro il Porto non fu un grande ostacolo. Quanto avrei voluto i portoghesi in finale! Ma forse gli Dei volevano che si giocasse quella partita! Nelle settimane prima della finale nella mia testa c'era solo un chiodo fisso. Non solo Christina, ma anche i miei colleghi mi facevano innervosire, invece mio padre, essendosi allontanato dal calcio, cercava di evitare qualsiasi discorso riguardante l'argomento. Di contro a me invece sembrava che il Milan sovrastasse I miei pensieri! Sembrava che i miei denti e la mia lingua si fossero colorati di rosso e di nero. Anche per questo in quelle settimane avevo un po' di stress con il capo dell'epoca, il signor Wimmer. Ero molto nervoso e riuscivo solo a complicarmi la vita quindi sempre più spesso mi capitava di fare degli errori banali. Una settimana prima della finale iniziai a decorare la mia stanza, le pareti erano ovviamente tappezzate di giocatori rossoneri, che io ovviamente veneravo! Dal mio stereo rimbombava ininter-rottamente la canzone <Un' estate italiana> di Edoardo Bennato e Gianna Nannini ed ovviamente anche le canzoni del Milan. Quando mi svegliavo la mattina, appena aprivo gli occhi una megabandiera rossonera era la prima cosa che vedevo. La sera, quando tornavo da Christina, stavo ore intere a giocare con la mia console la Champions League. Graficamente parlando non c'è proprio paragone con le console di oggi. Giocatori lineari su un campo verde fosforescente, che correvano su quel campo, con la possibilità di giocare vari tornei, creare squadre amatoriali del tipo FC Spaghetti contro FC Chessburger, i nomi dei giocatori erano chiaramente falsi, molti di voi lettori sicuramente se ne ricorderanno! Sensible

Soccer si chiamava quel gioco e quanto lo amavo! Non so più quante volte ho giocato e rigiocato la finale in quel periodo e vincevo sempre, questo me lo ricordo benissimo. Le tende della mia stanza, di colore rosso, non le aprivo neanche più perché davano un gioco di luci spettacolare nella mia stanza già rossonera di suo. E così implacabilmente arrivò il grande giorno, il 18 maggio 1994.

Intanto erano già due anni che stavo insieme a Christina. Mi aveva fatto aspettare così tanto per arrivare alla nostra prima volta, ma la cosa non mi aveva dato fastidio più di tanto! Comunque era diventato sempre più difficile per lei resistere a me ed alle mie tentazioni. Lei era la mia prima vera ragazza, il mio primo amore giovanile! Quel pomeriggio prima della finale eravamo a casa sua, da soli, I suoi genitori erano al lavoro e noi avevamo tanto tempo. Era un pomeriggio caldissimo! I giorni caldi quell' anno erano già arrivati, la luce oltrepassava le serrande delle finestre. Per il caldo già avevamo pochi vestiti addosso, lei stava tra le mie braccia e stavamo ascoltando un cd romantico che lei stessa aveva messo. Ovviamente sapevo come conquistarla in quel momento, lentamente iniziai ad accarezzarla e a baciarle il collo. La situazione diventava sempre più intima e senza renderci conto ci ritrovammo quasi completamente nudi. Abbracciati stretti stretti ci stavamo baciando intensamente sul suo letto e stavo aspettando il momento giusto per sfilarle lo slip da quel suo fondoschiena perfetto! Ad un certo punto lei iniziò a tentennare un po', era logico, aveva paura… anch'io, ma non più di tanto! Le dissi…

«Ma dimmi, che può succedere,
abbiamo pensato a tutto,
abbiamo tutto il tempo del mondo
ed i tuoi non tornano prima di stasera».

...Lei mi guardò, mi sorrise e mi lanciò uno sguardo erotico che mi fece perdere la testa, così ci trovammo di nuovo a baciarci intensamente. Sapevo cosa fare per farla ridere così la guardai con uno sguardo da finto tonto e le dissi...

«Se non lo facciamo adesso,
il Milan sicuramente perderà la finale».

...Lei iniziò a ridere e così le cose presero il loro verso... sarebbe stato bello se le cose fossero andate sempre così bene tra noi! Invece non fu così! Ma di fatto è stata una bella storia e per me resta una esperienza positiva! E la frase sul Milan l'ho detta veramente... e Christina non può immaginare quanto seriamente lo pensavo.

Lunedì e mercoledì pomeriggio dalle 17.30 alle 20 frequentavo da un paio di settimane la scuola guida ad Ober-hausen. L'istruttore, senza eccezioni, finiva puntualmente le lezioni alle 20. Io ero già perfettamente pronto per la partita, indossavo la maglia, il berretto ed avevo ben due bandiere per il grande evento, stavo seduto come sui carboni ardenti ed aspettavo con ansia la fine della lezione. Ero completamente disinteressato nei confronti della lezione e stavo contando i minuti. Arrivarono le 19.30, arrivarono finalmente le 20 quando l'istruttore disse all'improvviso che voleva allungare la lezione. Io stavo letteralmente impazzendo, avrei voluto ammazzarlo. Comunque mi sembrava che il tempo iniziasse a passare più velocemente. Se i primi 90 minuti di lezione mi erano sembrati un'eternità, i restanti 30 sembrava passassero più velocemente. Al termine della lezione, arrabbiato e senza salutare nessuno, iniziai a correre. Per fortuna il mio compare di battesimo abitava a pochi metri di distanza. Non era un buon segno se non potevo assistere al calcio d'inizio della partita. Ero sicuro che sarebbe andato tutto storto, anche se il pomeriggio con Cristina era andato alla grande! Ci avevo messo tanto impegno che in quel giorno nulla poteva andare storto! Le ultime settimane ero andato sempre in chiesa, mangiavo solo cibo Italiano, avevo messo le bandiere ed i poster nella mia stanza, ascoltavo solo musica italiana. Maledetta superstizione! Non sapevo se fosse davvero servito a qualcosa! Era tutto così assurdo e con il passare degli anni poteva solo peggiorare! Sono sicuro che altri tifosi sono ancora più pazzi di me. Era tanta la tensione che puntualmente erano tornate le mie mani sudate ed i crampi allo stomaco. Non sapevo come farcela quella sera! Il caldo quel giorno era asfissiante, non si respirava, non riuscivo nemmeno a mandare giù un boccone e come se non bastasse, mi venne pure un forte mal di testa. Il Barca quella sera era il favorito numero uno, una macchina da goal contro una difesa d' acciaio. Fino ad allora il Milan aveva segnato ben 62 reti subendone solo 25, ma avrebbe significato qualcosa quella statistica quella sera? Se mi chiedevano, rispondevo…

«O vince il Milan 1-0
  o le prendiamo di santa ragione!».

…Se gli Spagnoli dovessero fare due goal nei primi 20 minuti, riuscirà il Milan a fare il miracolo di ribaltare il risultato? I miei genitori, i miei compari, i loro figli Giuseppe e Mina, i nonni ed i loro zii stavano già seduti davanti alla televisione quando arrivai io. Avevo realmente perso i primi 10 minuti della finale, ma per fortuna il risultato stava fermo sullo 0-0 nel tutto esaurito stadio olimpico di Atene. Chiesi a mio zio come stava giocando il Milan e lui mi rispose che tenevamo testa al Barcellona e che avevamo sprecato un paio di occasioni. Dopo i miei primi dieci minuti di gioco erano proprio gli Italiani del Nord a prevalere. Sempre più in crescita i milanesi stavano dominando la partita. Il Barca aveva delle difficoltà enormi a sviluppare il proprio gioco, era come se fossero stati completamente presi alla sprovvista dalla freschezza e dalla voglia offensiva degli italiani. Indubbiamente si vedeva che era il Milan a spingere molto di più per cercare di andare in vantaggio. Sempre di più gli spagnoli perdevano delle palle facili creando occasioni da rete ai Rossoneri, come ad esempio al 22' dove Nadal perse una palla a centrocampo contro Boban, il quale la servì con un passaggio preciso a Savicevic. Il fenomeno montenegrino saltò un paio di avversari nell' aria di rigore e con un passaggio di precisione servì la palla a Massaro, che non ebbe nessun problema ad andare in rete portando il risultato 1–0 per il Milan. Lo spagnolo Zubizarreta non aveva nessuna possibilità!

Nel salotto della Dieselstrasse 1, primo piano, a casa dei miei compari scattò la festa, urlavamo come dei pazzi, ci abbracciavamo ed esultavamo senza freni. Lentamente il mio stato di salute stava migliorando. Ovviamente speravo nel 2–0 perché quell' 1-0 contro una squadra come il Barca era troppo poco per essere sicuri di vincere la partita. Sembrava che i catalani avessero dormito per la prima mezzora della partita! Un 1-1 sarebbe stato fatale se il Barca si fosse deciso ad entrare in partita. Ma questo vantaggio non fu fortuna! No, questo 1-0 era stato il frutto di una azione di alta maestria, quindi meritatissimo! Con gli occhi di un tifoso si vede tutto un po' diverso. Se fossi stato neutrale, avrei detto dopo i primi 25 minuti che la vittoria sarebbe andata al Milan! Ed il bello per i lombardi doveva ancora arrivare! Stavano facendo girare bene la palla, tenevano sempre il passo più veloce degli spagnoli e non davano nessuna possibilità agli avversari di sviluppare il loro gioco. Un possesso di palla lungo minuti interi prima che qualche giocatore spagnolo riuscisse ad intervenire. Quella sera Dejan fece forse una delle sue migliori partite, combinazioni da sogno, ripetutamente! Il duo stellare Stoichkov e Romario sbiadiva sempre di più. Di nuovo un possesso palla lungo minuti interi alla ricerca di un varco vittorioso. Erano i tifosi italiani ad accompagnare i passaggi della propria squadra con il grido più spagnolo di –Oleeeeè-, come era abitudine nelle arene iberiche delle corride. Il 47' era iniziato ed il Milan era ancora in possesso di palla. Donadoni con un passaggio filtrante dalla parte sinistra servì la palla a Massaro, che si trovava al limite dell'area di rigore... un tiro da 16 metri e la palla si infilò per la seconda volta in rete. Adesso sì che si scatenò l'inferno sulle tribune! I tifosi ubriachi di gioia si abbracciavano urlando a squarciagola. Vennero accesi dei fumogeni e metà dello stadio olimpico non sembrava più la Fossa dei Leoni, ma nel vero senso della parola la porta dell'inferno rossonero! Più o meno si respirava la stessa atmosfera in quel momento sulla Dieselstrasse. A differenza del primo goal non stavamo più in piedi, ma abbracciati per terra urlando dalla pazza gioia. Fine primo tempo! Incredibile! Quello che avevo visto io nei miei primi 37 minuti di finale, era quello che più avevo desiderato negli ultimi mesi! Pensavo agli ultimi giorni prima della finale dove ogni angolo del mio corpo era stato preda di dolori nuovi che mi avevano reso la vita impossibile! Ero sempre più concentrato in quella finale! Il mio mal di testa e mal di pancia dopo quel 2-0 erano spariti completamente. Il mio compare rideva così tanto che poteva fare concorrenza ad una rana, mio padre naturalmente sapeva sin dall' inizio che il Milan non avrebbe avuto problemi. Così tutti non vedevamo l'ora che iniziasse il secondo tempo ed eravamo abbastanza sicuri che nulla sarebbe potuto più succedere. Aveva dell'incredibile quello che era successo ad Atene nei primi 45 minuti. Si sarebbe davvero avverato il sogno quel 18 maggio 1994? Il Milan avrebbe vinto il titolo più grande del calcio europeo per la quinta volta? A me sembrava un miracolo! Il Barca era dato come il favorito per il titolo ed invece mancavano ancora solo 45 minuti per il nostro grande trionfo. Già nell' intervallo avevo chiamato un paio di amici, che abitavano a pochi metri, dicendo loro di venire a prendermi per fare il mio primo carosello di macchine dopo la partita. Ne avevamo parlato già prima e ci eravamo messi d'accordo anche se sinceramente nessuno ci credeva realmente alla vittoria del Milan. Il secondo tempo ebbe inizio. Adesso il Barcellona sicura-mente avrebbe avuto una reazione di orgoglio. Il loro allenator Johan Cruijff, leggenda del calcio che aveva vinto titoli importanti con l'Ajax ed il Barcellona, sicuramente avrebbe trovato le parole giuste per motivare i propri giocatori nell' intervallo. Con l'inizio del secondo tempo le mie mani si erano di nuovo imperlate di sudore. Il Barcellona cercava con tutte le sue forze di rientrare in partita, però il Milan sapeva difendersi. Al 48', da una situazione innocua a centrocampo, Nadal perse la palla contro Savicevic sulla fascia destra. Il giocatore montenegrino, per la sua incredibile arte di difendere, veniva amorevolmente chiamato dai milanisti "il Genio". Un paio di passi verso l'area di rigore, un veloce sguardo verso la porta… a Zubizarreta… un pallonetto… non poteva essere vero… la palla di nuovo in rete… Rete, rete, goal, incredibile!!!! Se alle prime due reti eravamo esplosi di gioia, alla terza restammo tutti impalati sulle nostre sedie e divani, con la bocca aperta, pronti a piangere e con le braccia al cielo. Lo sapevamo, adesso era sicuro, ecco il titolo Campioni d' Europa!!! Si era creata una confusione incredibile, tutti buttati per terra! Io rimasi seduto sulla mia sedia, con le braccia conserte sulla testa, piegato in basso, feci un urlo liberatorio finché venni buttato per terra anch'io… mi sembra di ricordare che era stato il mio amico Pino. Questo diavolo di giocatore serbo si sarebbe mai immaginato di fare un goal in una finale di Champions League? Ed invece lo fece proprio! Egli stava trasformando la finale sempre di più nella sua finale! Iniziai a pensare se si fosse dopato quella sera, sembrava proprio essersi fatto, era diventato una cosa unica con la palla, il campo, i tifosi… quella notte era l'apice della sua carriera!

Quella notte fu scritta nella storia dell'AC Milan e sarebbe potuta diventare ancora più grande se al 57' non fosse stata colpita la traversa degli spagnoli. Solo un paio di minuti più tardi Marcel Desailly riconquistò la palla dai catalani, saltò due difensori ed assestò il colpo del definitivo KO... 4-0! Fabio Capello, allenatore del Milan, restò impassibile per i primi tre goal, senza neanche un accenno di sorriso, ma adesso veniva abbracciato da tutti e così l'ex giocatore di Milan, Roma e Juventus non riuscì più a trattenersi. Il mio compare restò fisso ed incredulo davanti alla tele e ripeteva come in trance…

«4-0… 4-0… contro il Barca,
  non può essere vero. 4-0,
  ma ha vinto davvero il Milan?».

…Quando la comare all' 88' andò in cucina a prendere lo spumante dal frigo, stavamo piano piano realizzando il risultato. Come ci stavamo godendo gli ultimi minuti di quella finale del secolo! Lì davanti a noi c'era il Milan, che nel campionato appena trascorso non aveva fatto più di 36 reti, che in difesa aveva dovuto fare a meno di Franco Baresi e di Alessandro Costacurta, di un Marco Van Basten eternamente infortunato e di Jean Pierre Papin, che per questa finale non era per niente in forma.

Comunque i catalani non avevano avuto vere occasioni da rete, la partita fu una vera e propria delusione per i loro tifosi. Con i loro 90 goal fatti erano arrivati come i massimi favoriti alla finale di Atene ed invece furono smontati da un Milan incontenibile. Resta comunque il fatto che anche dopo la partita rimaneva una delle squadre più forti al mondo, dopo il Milan ovviamente! In quella notte del 18 maggio del 1994 ad Atene i vari Stoichkov e Romario erano stati presenti assenti!

Io sventolai la mia bandiera rossonera dal finestrino dell'Alfa Romeo del fratello del mio amico Sergio inneggiando inni rossoneri sotto il cielo di Augsburg. La Maximilianstrasse era totalmente intasata da macchine di italiani pazzi di gioia. Rimanemmo a celebrare questo grande trionfo per ore ed ore, per me era il titolo più grande del Milan al quale avevo assistito nella mia vita! Ero all' apice della gioia, pieno di orgoglio e felicità e spinti da un amore inspiegabile verso i miei idoli rossoneri, festeggiammo fino a tarda notte! Settimane dopo la finale indossavo ancora un'altra maglia del Milan, perché per me era sempre ed ancora festa quindi indossavo felice la maglia che mi era stata regalata dalla mia famiglia. Ma nei giorni del trionfo… Caramba!

USA 94

Il 1994 fu un anno particolare per me, poeticamente navigavo ancora su mari sconosciuti tra tante difficoltà. Anche se la materia della fotografia era un tema interessante, il mio apprendistato di venditore specializzato da Foto Porst non mi soddisfaceva per niente, per cui ero già consapevole che quello non sarebbe stato il mio mestiere per tutta la vita.

Tramite la scuola professionale avevo fatto tante amicizie. Come negli anni precedenti, pensavo di trovare nuovi compagni di classe italiani invece trovai Zlatan, un ragazzo croato due anni più grande di me, che aveva tanti amici italiani. Lui era cresciuto nel quartiere Oberhausen di Augusta, un quartiere abitato per lo più da Italiani e Turchi. Forse per volere del destino, Zlatan era anche tifoso del Milan, così avevamo un altro interesse in comune su cui parlare invece che quel noioso anno scolastico! Zlatan divenne parte della mia vita e contribuì a cambiarla in modo decisivo nei mesi successivi. Tramite lui ho conosciuto molti italiani e durante la pausa uscivamo spesso insieme per fare shopping. Lui mi consigliava come vestirmi per essere alla moda, fino a quel momento erano stati i miei genitori a svolgere quel ruolo, loro mi vestivano sempre in modo ordinato ed impeccabile, ma ero proprio quello stile a non essere più adatto per la vita che mi attendeva. I miei in effetti non avevano la più pallida idea di cosa andasse di moda in quel periodo, comunque neanche a me interessava fino a quel momento se indossavo un jeans da 20 o 180 Marchi. Molti dei miei compagni non erano tanto diversi da me, quello che per me era importantissimo erano le scarpe da calcio e le maglie originali... Diadora Orange Van Basten o Copa Mundial, marca top per le scarpe da calcio.

I primi due, tre mesi mi avevano cambiato enormemente, anche sentimentalmente stavo crescendo tanto, infatti erano due anni che stavo con Cristina. Quello fu il periodo più bello dei nostri 7 anni insieme, poi però il nostro rapporto fu messo a dura prova, ma di questo ve ne parlerò più tardi. Comunque già allora il nostro rapporto cominciava a subire dei periodi difficili. Cristina non voleva ingerenze dei miei amici soprattutto durante i weekend. Gli amici di contro mi riempivano di domande per sapere perché non uscivamo più insieme nei weekend per divertirci un po', ma Cristina era irremovibile. E non era l'unica cosa che non le piaceva, lei era del parere che in un rapporto si deve fare "**Tutto insieme e niente senza l'altro**". A volte era veramente insopportabile! In quanto sedicenne io non ce la facevo a passare tutto il tempo solo con lei ed a volte facevo davvero fatica a farmi piacere questa situazione!

E fu così che un giorno arrivò a Monaco di Baviera la Superstar italiana Eros Ramazzotti. Nonostante il diverbio con Cristina, che avevo già previsto, mi feci convincere da Zlatan a comprare due biglietti per il concerto di Eros a novembre. Allora con Eros erano i primi approcci! Eros era italiano e nel 1993 con l' album **"Cose della Vita"** era sulla cresta dell'onda in quel periodo. Tutti i miei amici italiani andavano a quel concerto, così per me era quasi impossibile non andare a quell' evento. Ad essere sincero, all' epoca conoscevo soltanto la canzone -Un'altra te-. Un paio di settimane prima del concerto comprai una cassetta musicale per imparare un paio di canzoni. -A mezza Via- mi piacque all' istante. Le altre canzoni invece erano un po' troppo impegnative per il mio gusto musicale dell'epoca. Avrei dovute ascoltarle più volte per apprezzarle! Naturalmente per me era qualcosa di speciale andare ad un concerto, per la precisione era il mio primo concerto in assoluto! E poi di Eros, un italiano! Cristina non era per niente entusiasta delle mie intenzioni e provò più volte a convincermi di vendere i biglietti su Radio Fantasy, la radio locale di Augsburg. Io però rimasi fermo sulla mia decisione! Anche i suoi genitori non erano contenti che io andassi senza Cristina, ma in realtà io non volevo andare da solo, infatti avevo due biglietti, ma lei non ne voleva sapere proprio nulla. E proprio per questo motivo, inconsciamente forse per dispetto, non volevo vendere i biglietti. Il 13 novembre si stava avvicinando alla svelta. Nicole, una vecchia amica dai tempi dell'asilo, e sua madre non vedevano l'ora di vedere quel bel cantante italiano.

Io e Nicole eravamo buoni vicini di casa, passavamo molto tempo insieme ed entrambi eravamo fans di Ramazzotti, quindi per me era chiaro che sarei andato con Nicole a quel concerto. Ovviamente mi facevo mille film mentali su come sarebbe stata quella giornata a Monaco ed ero sicuro che sarebbero seguiti altri concerti con il passare degli anni. Se non ci fosse stato Zlatan, sicuramente non sarei andato a quel concerto, era un avvenimento semplicemente gigantesco ed enorme, anche se il prima concerto di Eros l'ho visto solo dalla tribuna. Infatti dopo il concerto mi pentii di aver scelto i biglietti per la tribuna e non quelli in piedi sul parterre. Lì sotto il palco potei assistere ad uno spettacolo parallelo condotto dai fans. Mi feci trasportare dalla musica e dalle emozioni di Eros, lo spettacolo sul palco, i suoni, le melodie, le persone in estasi, tutto ciò mi fece salire al settimo cielo!

Dopo quella sera fu tutto diverso, il mio cervello in preda a mille emozioni! Proprio a causa di quel concerto ripresi con le lezioni di canto e fondai la mia prima band. Ricordo ancora oggi, 24 anni fa, quella settimana piena di ansia prima del concerto. Quelle due ore mi hanno cambiato per sempre, hanno dato un senso alla mia vita! Se avessi venduto quei biglietti... chissà cosa sarebbe stato di me! Eros diventò, insieme al calcio, l'idolo assoluto delle mie emozioni. A lui devo tantissimo!

Il giorno di Natale del 93 arrivai a manifestare I primi segnali del mio sviluppo personale, dopo la mia prima notte da leone la mia vita prese tutt´altra strada, ma non in senso cattivo. No! Mi trasformai da bravo ragazzo ingenuo a persona consapevole e lì affrontai le stupide regole di Cristina con un sorriso malizioso. Non mi pento assolutamente di tutte le esperienze che ho fatto con lei in quel periodo, ancora oggi sono convinto che quei 7 anni sono stati per me l'apprendistato dell'amore, proprio come fa la maggior parte dei ragazzi in quel periodo della vita. Sicuramente, guardando indietro, ci sono state delle esperienze che rimpiango, riconosco anche errori e situazioni da evitare come ad esempio le mie scappatelle, dettate più che altro dalla forza dell'abitudine, che mi facevano apparire come se stessi controvoglia con Cristina, ma in realtà non era così! Questo mi succedeva perché la forza dell'abitudine a volte fa dei brutti scherzi, ma di una cosa sono sicuro: lei è stato il mio primo amore giovanile! Si, amore giovanile è la parola giusta! Anni dopo nella mia vita arrivò Marina, il più grande amore della mia vita, l'unica vera donna per me! Ancora non sapevo che sarebbe diventata l'unico vero amore della mia vita... Se avessi scelto lei, piccola donna dai capelli neri e dalle labbra carnose, forse sarebbe stata forse la decisione più giusta della mia vita, anche se non sapevo ancora quali sorprese mi avrebbe riservato la vita con il passare degli anni, sicuramente però sarei stato un padre di famiglia con tre bambini e la migliore donna al mio fianco!

Molto tempo prima dei Mondiali 94, per l'esattezza durante il girone di qualificazione azzardai una scommessa con il mio professore, il signor Boser. Io ero convintissimo che l'Italia avrebbe vinto il Mondiale negli Stati Uniti anche se questa scommessa era molto azzardata! Il signor Boser scommesse invece contro di me in quanto non eravamo ancora qualificati. Avevo tuttavia dentro di me una sensazione positiva, l' Italia aveva perso per poco il Mondiale nel 1990, con un solo goal subito in tutto il torneo e per colpa della lotteria dei rigori. In più arrivò la mancata qualificazione agli Europei 92 in Svezia, dove fallimmo miseramente. Proprio per questi motivi una nazione calcistica come la nostra doveva avere una reazione d'orgoglio e rimontare subito centrando il grande obiettivo. Molte cose stavano cambiando nel calcio italiano, Arrigo Sacchi, l'allenatore vincente dell'AC Milan, era diventato il commissario tecnico della Nazionale.

Sacchi, nato il primo aprile 1946 a Fusignano provincia di Ravenna, era tutt'altro che un pesce d' aprile! Nella sua carriera da calciatore non riuscì ad avere grande successo, così lasciò il calcio giocato per dedicarsi alla carriera da allenatore. Già dai tempi in cui lavorava presso l'azienda di scarpe del padre, la sera allenava i calciatori del Fusignano. Nel 1977 accettò una proposta del Belleria, una squadra Italiana di serie D. I suoi metodi di allenamento, il modo in cui motivava I suoi ragazzi, le sue raffinatezze tattiche fecero subito scalpore! Dal 1979 al 1982 divenne responsabile del settore giovanile del Cesena Calcio. Dal Rimini, nella stagione 82/83 Serie C, divenne allenatore delle Giovanili della Fiorentina, ma lì rimase solo una stagione per tornare di nuovo al Rimini nella stagione 1984/85. Il 1985 fu un anno decisivo nella sua carriera da allenatore: dopo una proposta dell'AC Parma, a quei tempi ancora in serie C, Arrigo fece per l'ennesima volta le valigie e si trasferì a Parma, la città del prosciutto crudo e del parmigiano e lì nei tre anni a seguire riuscì a portare la squadra in serie B. Cosa sarebbe stato di quel padre di famiglia con due figlie se non ci fosse stata quella partita di Coppa Italia contro il Milan! Dopo che i Ducali riuscirono ad eliminare il grande Milan dalla Coppa Italia altri occhi puntarono su di lui. Nel 1987 fece per un'ultima volta le valigie per diventare commissario tecnico dell'Italia. Nei suoi tre anni al Milan, i più vittoriosi, vinse tutto ciò che si potesse vincere con una squadra di Club: nel 1988 vinse il Campionato e la Super coppa Italiana, l'anno successivo la Coppa dei Campioni e con la vittoria della Super coppa Europea diventò la squadra più forte al mondo!

Il 24.10.91 Sacchi subentrò allo sfortunato Ct Azeglio Vicini, il quale, dopo la sconfitta al Mondiale italiano, non riuscì a far qualificare l'Italia per gli europei arrivando secondi dietro l'URSS nel girone qualificatorio. Molti avevano previsto e voluto questo cambio di panchina. L'allenatore del vittorioso Milan veniva soprannominato in Italia l'inventore del calcio moderno. Molte volte riusciva a far impazzire squadre come Real Madrid, Benfica, Bayern Monaco o Steaua Bucarest. Il suo sistema di gioco 4-4-2 e la sua raffinatezza tattica nel difendere a zona sono ancora oggi leggendarie. Sotto la sua guida il Milan divenne quasi imbattibile e da lui ci si aspettava gli stessi risultati per la squadra Azzurra! Giocatori come De Napoli, Ferri, De Agostini, Giannini e anche Schillaci, il capocannoniere del 90, non fecero più parte della Nazionale nel Mondiale in USA. Anche Walter Zenga venne sostituito da Gianluca Pagliuca, ancora oggi ripenso a quel cambio: il mio idolo Walter Zenga sostituito da Pagliuca! Se avesse preso quel colpo di testa di Caniggia, l'Italia sarebbe sicuramente arrivata in finale e la Germania... chissà, lasciamo perdere che è meglio!

Arrigo Sacchi, per quanto grandi siano stati i suoi successi con il Milan, si rese subito conto di quanto contro gli andasse la stampa italiana. A sorpresa gli Azzurri si qualificarono solo all' ultima giornata con uno spareggio contro il Portogallo per 1–0. Giocatori come Mancini e Vialli non fecero più parte della squadra Azzurra per motivi disciplinari. A me non andava giù il fatto che non ci fossero più, la sentivo come una mancanza di rispetto verso i tifosi Italiani, mandare in vacanza due calciatori così spettacolari rinunciando così al meglio che il panorama italiano potesse offrire al Mondiale. A Sacchi venne affibbiata la responsabilità di salvatore della Patria, ma anche Vialli e Mancini avrebbero potuto contribuire, si sarebbe potuto tentare di trovare una soluzione idonea per tutti. Sicuramente si sarebbe trovata! Anche perché in un Mondiale non ci sono solo gli obiettivi di un calciatore e di un allenatore, ma anche il sogno di milioni di tifosi fuori dallo stadio! Sacchi continuò imperterrito ad allenare i suoi uomini, giocatori del calibro di Signori, Casiraghi, Massaro, Zola e

Baggio, nomi non da poco, anche se Massaro, neo campione del Milan, con i suoi 33 anni poteva risultare un fattore negativo per freschezza e velocità. Dopo un campionato così lungo e duro, avrebbe avuto ancora la forza necessaria per affrontare un torneo così importante? Anche Signori, che segnava goal a raffica per la sua Lazio, era un giocatore che non aveva vinto ancora titoli importanti, sarebbe stato lui a prendere le redini durante il Mondiale? Domande su domande! Pier Luigi Casiraghi, un giocatore brillante e forte di testa, ma più forte nella Juve che in Nazionale. Solo Gianfranco Zola e Roberto Baggio erano giocatori titolari inamovibili dalla Nazionale. Il centrocampo con Demetrio Albertini, Dino Baggio, Nicola Berti, Antonio Conte, Roberto Donadoni ed Alberigo Evani era il meglio che Sacchi potesse utilizzare. In difesa erano schierati solo giocatori di due squadre di serie A, il Milan ed il Parma, le quali potevano vantare di avere le difese più forti in assoluto. Bisognava proprio avere una giornata fortunata per riuscire a segnare contro giocatori del Milan come Baresi, Maldini, Costacurta, Tassotti e giocatori del Parma come Minotti, Apolloni, Mussi e Benarrivo ed anche se si riusciva ad oltrepassare la difesa, c'era Gianluca Pagliuca della Sampdoria ad evitare il peggio! Non da meno erano le riserve Luca Marchegian della Lazio e Luca Bucci del Parma.

Arrigo Sacchi era consapevole delle aspettative su di lui e dai media sapeva quali erano i sogni ed i desideri degli Italiani. L´Italia era la favorita numero uno, così come era stato per i Brasiliani, gli Olandesi e gli Argentini, ma mai nessuna squadra europea era riuscita a vincere un Mondiale fuori dall' Europa. Questa volta doveva essere tutto diverso! I tifosi sudamericani avevano da affrontare un viaggio più corto a differenza degli europei o degli africani, ma migliaia di tifosi europei riuscirono a far sentire l´atmosfera di casa ai propri beniamini italiani, tedeschi ed irlandesi. Che Mondiali ci stavano attendendo nel paese del Basketball, Baseball ed American Football? Il Calcio negli stati Uniti nel 1994 era ancora alle prime armi anche se negli anni 70 si era tentato, senza successo, di far avvicinare il calcio al pubblico americano con acquisti spettacolari come quelli di Beckenbauer e Pelé.

Questo Mondiale rappresentava un nuovo inizio per il calcio di Oltreoceano e più si avvicinava il Mondiale, più mi saliva la tensione. Roberto Baggio fu premiato come calciatore dell'anno e veniva sempre paragonato a Romario. Entrambi i calciatori, con il loro modo di giocare, erano una meraviglia per gli occhi. Romario durante le interviste era sempre molto passionale, atteggiamento tipico sudamericano, mentre invece Baggio era più introverso. Ancora oggi non dimentico le parole del commentatore Tedesco Marcel Reif, il quale commentò che per Romario il Mondiale era tutto, che avrebbe dato persino la propria vita. Baggio però era consapevole che tutte le speranze degli italiani erano incentrate sui suoi piedi e sarebbe diventato sicuramente più grande di Rivera, Rossi o tanti altri eroi italiani se fosse tornato in Italia con la grande e pesante medaglia d' oro della vittoria.

Anche ad Augsburg stava iniziando a circolare la febbre del Mondiale. Con i miei compagni, soprattutto i croati, l'amicizia si stava trasformando in rivalità. Zlatan e Igor, un altro compagno di classe, poiché non avevano la loro nazione in lizza nel torneo, si misero a tifare per il Brasile. All' inizio cercai di ignorare questi due voltabandiera, ma col passare del tempo non ne potevo più di ascoltare le stupidate che dicevano e, se non ci fossero stati i professori, sicuramente avrei rotto loro prima o poi una sedia in testa! Il 17 giugno ebbe finalmente inizio il Mondiale americano dove la squadra campione in carica la Germania vinse per 1–0 senza dare spettacolo contro la Bolivia, risultato questo tra i più classici per una partita inaugurale, ancora di più per i tedeschi, i quali non erano partiti a razzo, ma, partita dopo partita, crescevano sempre di più! Tutta l'Italia aspettava con ansia gli Azzurri e sperava in una vittoria nella prima partita. Nel New York Giants Stadium c'era un'atmosfera incredibile! Non c'era da meravigliarsi visto che New York era conosciuta come centro nevralgico di immigrati italiani ed irlandesi. Con disappunto degli italiani la squadra Azzurra non riuscì ad avere grandi occasioni da rete ed al 22' subì il goal di Ray Houghton. Già dopo la prima partita del girone gli Azzurri dovevano temere di poter accedere agli ottavi del torneo. Arrigo Sacchi, dopo solo due giorni di Mondiale, aveva l'acqua alla gola, le Gazzette lo stavano letteralmente strapazzando. I norvegesi, che avevano vinto la loro prima partita contro il Messico per 1–0, sarebbero stati la via Crucis dell'allenatore Sacchi, con una sconfitta già a suo carico. Anche un pareggio gli avrebbe spalancato la porta verso gli ottavi di finale.

Con il Messico nell'ultima partita del girone gli Azzurri avevano un avversario ostico da affrontare. La partita contro l'Irlanda io la vidi con degli amici a casa di Francesco Bergamo, anche lui milanista. Lui desiderava a volte di essere di origini brasiliane in quanto era incantato dalle prodezze magiche dei brasiliani ed era convinto che loro fossero i favoriti assoluti per il titolo. La tristezza nei volti dei presenti era palpabile, eravamo in un piccolo salotto con una televisione lunga 37 cm, ma più che un salotto era una sala del negozio dei genitori di Francesco, trasformata in salotto per l'occasione! Quei grandi divani rossi e tanti poster del Milan creavano una bella atmosfera per ammirare con piacere la partita successiva tra Romania e Colombia. In più c'era il fatto che sicuramente nessuno mi avrebbe fatto arrabbiare in quanto ero in buona compagnia in mezzo a tifosi della stessa fede. La ricerca del perché della sconfitta mi stava abbattendo il morale sempre di più. Sicuramente sarebbe stato meglio se me fossi andato subito a casa, anche perché la serata doveva diventare ancora più caotica. Davanti ai miei occhi avevo una possibile eliminazione dal Mondiale. Cosa stava succedendo nella testa dei giocatori? Non ci aspettavamo una sconfitta contro l'Irlanda, ma effettivamente non avevo mai visto giocare così male una Nazionale ad un Mondiale! Aspettare di nuovo 4 anni? Diamine, non poteva essere! Non con un allenatore così ed una squadra così forte! Vialli e Mancini non c'erano, chissà che stavano facendo in quel momento! Giannini era in splendida forma. Perché non era stato convocato? Domande su domande, alle quali non riuscivo a dare delle risposte. A poco a poco l'aria della stanza era diventata irrespirabile in quanto era completamente satura dal fumo dalle sigarette ed una pesantezza alla testa si era diffusa tra tutti noi. Così mi venne la l'infelice idea di fumare anche io. Non avevo mai fumato prima! Nessuno dei presenti lo sapeva, così Francesco mi accese una sigaretta e me la passò. Con la speranza di trovare un po' di tranquillità avvicinai la sigaretta alle mie labbra e, sapendo cosa mi aspettava, feci un tiro profondo che mi arrivò sino ai polmoni... All' improvviso mi diventò tutto nero davanti agli occhi ed iniziai a tossire fortissimo. Sbiancai completamente in faccia e stavo quasi svenendo sul tavolo. Francesco si spaventò mentre gli altri non avevano capito cosa era successo. Francesco mi prese un bicchiere d'acqua per rianimarmi e stentava a credere che non avessi mai fumato prima.

Dopo che la situazione rientrò nella normalità, continuammo a guardare la partita. Le discussioni sulla sconfitta dell'Italia non finivano più. Parole sante quelle che diceva Francesco:

«*Vi state sbagliando tutti,*
 abbiamo perso meritatamente,
 l´Irlanda è stata più forte,
 ma l'Italia può ancora arrivare in finale
 e diventare Campione del mondo».

…Avevamo da affrontare ancora due partite prima delle qualificazioni per le finali. Per un paio di secondi ci fu un silenzio surreale finché uno dei presenti alzò il volume per ascoltare meglio il prepartita del prossimo incontro. Da quel momento della serata trovavamo qualsiasi motivo per riderci su. L´ambulanza che assomigliava ad una Golf Car in uso per la prima volta in un Mondiale durante la partita tra Romania e Colombia o la mia faccia al mio primo tiro di sigaretta. Alla fine Luca, fratello di Francesco, azzardò l'ipotesi che la partita inaugurale fu persa apposta dall' Italia. Di una cosa ero sicuro: se avessi visto la partita a casa mia, l'Italia non avrebbe perso! Superstizione? Chi lo sa! Dovevo comunque ascoltare le mie sensazioni. E così decisi: Italia - Norvegia... solo a casa mia. Mio padre era già tanto nervoso ed il giorno della partita mi portò la nuova rivista "Forza Milan" con all' interno un inserto con tutti i giocatori del Milan ed un'intervista a Franco Baresi. Dopo che aveva iniziato a leggere la sua gazzetta, con espressione più rilassata, mi disse…

«Tranquillo, domani inizia il mondiale per l´Italia
e lo vinceremo».

Se questa cosa si fosse avverata ogni volta che lo aveva detto, a quest'ora avremmo dovuto essere 7 volte campioni del mondo! Avevo mal di pancia e sudavo freddo per la tensione! La notte prima di Italia - Norvegia non riuscii nemmeno a dormire, mi perseguitavano incubi assurdi, dove immaginavo l'elimina-zione dell'Italia nella partita contro la Corea del Nord. E così il 23 giugno 1994 poco prima delle ore 16 mi trovai di nuovo seduto su quel piccolo sgabello bianco davanti alla stufa ad olio nella cucina dei miei genitori sperando in un miracolo da parte di Massaro o Baggio. Il peggio invece doveva ancora arrivare! Pagliuca venne espulso dopo aver toccato la palla poco fuori dall' area di rigore. Sacchi doveva reagire subito! Per motivi tattici sostituì Roby Baggio, la star della squadra, con Luca Marchegiani, il numero due dei portieri Azzurri. Uno in meno! La difesa doveva restare in piedi e si doveva giocare di contropiede sperando che l´Irlanda avrebbe battuto il Messico. Che scelta avrebbe dovuto fare Sacchi? Baggio era un attaccante, non un centrocampista. Eppure avrei messo Signori a posto di Baggio. Con uno in meno e senza Baggio la catastrofe era sicura. Fu una partita combattuta, né la Norvegia né l'Italia avevano grandi occasioni da rete. Nulla faceva intendere che l´Italia avrebbe lasciato il campo da vincente. Quando poi al 49' Baresi uscì per infortunio, cosa poteva accadere ancora di peggio? Dopo Pagliuca e Baggio, Baresi era considerato il Beckenbauer italiano, il perno della difesa. Dal nulla poi al 69' entrò Dino Baggio, non imparentato col più famoso Roberto, il quale con un colpo di testa segnò il primo goal degli Azzurri nel torneo. La casa di mio padre al secondo piano della Finkenweg 12b rischiava di crollare. Finalmente eravamo in vantaggio, Dino Baggio ci aveva liberato dall' agonia! L´Italia era riuscita, nella più classica maniera italiana, a salvare il risultato fino alla fine, anche se ero in una tensione terribile perché temevo un pareggio!

Finalmente l´Italia era entrata nel torneo! Ma come mi ero rallegrato per la prima vittoria dell'Italia, altrettanto rapidamente l´allegria svanì! A scuola c'erano sempre confronti sulle partite ed anche i professori partecipavano alle lunghe discussioni ed alle analisi delle partite. Dopo che l´Italia nell' ultima partita non era riuscita a vincere, solo un risicato 1-1 contro il Messico, a noi il terzo posto ci avrebbe fatto qualificare solo se la Russia del gruppo B avesse battuto il Camerun. Ero straconvinto che, anche se avessimo passato gli ottavi giocando in quella maniera contro la Nigeria, sarebbe stata la fine del torneo per noi! Chissà perché l'Italia giocava così male! Forse a causa del lungo Campionato e della Champions League del Milan, poiché in Nazionale c'erano 7 giocatori della squadra meneghina. A complicare le cose erano anche gli altri giocatori dell'Inter, Parma, Juve, Lazio e Roma, abituati ad un schema tattico completamente diverso. Con le varie rotazioni del Mister prima dei Mondiali erano stati testati quasi 50 giocatori per la squadra Azzurra, certamente gli aspiranti al ruolo dovevano prendere confidenza con il nuovo modulo tattico di Sacchi. L'allena-mento é una cosa, le partite sono tutt'altra storia! Sicuramente i giocatori italiani avrebbero preferito un altro clima che il sole bollente degli Stati Uniti, i cui 40 gradi non potevano essere considerati proprio un dono di Dio! Anche l'Irlanda e la Norvegia dovevano abituarsi a quel clima torrido, come ovviamente anche le altre squadre del torneo! Quindi la scusa del clima per l'Italia non era valida scusa in quanto tutte le squadre erano costrette a subirlo. Un altro fattore era sicura-mente il livello altissimo del Campionato italiano, non solo per Milan, Juve ed Inter in testa al Campionato, ma anche per squadre come Lazio, Napoli, Roma, Sampdoria e Parma entrate in lizza nei Campionati europei! All' epoca il campionato di serie A era il più forte di tutti e le coppe europee ne erano una testimonianza! In nessun'altra nazione le difese erano così forti come in Italia! Invece nei campionati di nazioni come Spagna e Inghilterra c'erano solo due o tre squadre a lottare per il titolo! Certamente qualche volta anche le squadre italiane avevano qualche periodo negativo, ma comples-sivamente gli anni 90 furono un periodo d'oro per il calcio italiano! I giocatori delle squadre italiane ricevevano un'eccezionale formazione tecnica e tattica. Proprio nel 1994 il campionato di serie A fu considerato il più forte del mondo!

Un altro motivo fu anche lo scarso rendimento di giocatori inglesi e spagnoli nel nostro campionato, celebrati in Inghilterra come capocannoniere, rispediti in Italia dopo 2 anni ai loro paesi per scarso rendi-mento in squadre come Inter e Juve. Per fare un nome, un certo Ronaldo non fece tanti goal nell' Inter a differenza dei tempi in cui giocava nel Barca e PSV.

Usa ´94 era tensione pura! Da un lato sapevo che la vittoria finale poteva passare solo dal Brasile in quanto i Carioca erano fortissimi! Per la prima volta nella loro storia non era solo il calcio offensivo il loro concetto di gioco. Carlos Alberto Perreira puntavo su ogni singolo giocatore, a partire da Taffarel, un vero fuoriclasse tra i pali in difesa, anche se c'erano i due difensori di ruolo, Aldair e Serginho. Tutti insieme formavano una parete umana! Il terzo ruolo in difesa se lo dividevano Branco e Cafu, mentre i restanti giocatori erano tutti in campo per segnare goal, giocatori del calibro di Dunga, Leonardo, Marcio dos Santos, Mauro Silva, Raì, Zinho, Mazinho e per chiudere in bellezza i fuoriclasse Romario e Bebeto. Ognuno di loro era capace di decidere una partita in qualsiasi momento e segnare il goal della vittoria. Era uno spettacolo vedere giocare questa squadra! Anche se non lo volevo rendere pubblico, ma il Brasile era indubbiamente la favorita assoluta del torneo. Con un 2-0 contro la Russia (1-0 Romario al 27', 2-0 Raì al 53'), poi ancora un 3-0 contro i leoni indomabili del Camerun (1-0 Romario al 39', 2-0 Marcio dos Santos al 66', 3-0 Bebeto al 72') il Brasile si qualificò in anticipo per gli ottavi. Anche un 1-1 contro la Svezia (0-1 Anderson al 24', 1-1 Romario al 47') non fermò la corsa del Brasile, che così riuscì a terminare il girone. Come già detto prima, tutto dipendeva dalla partita tra Russia e Camerun. Dal Camerun ci si aspettava che raggiungesse gli ottavi di finale, ma a causa delle prime due non brillanti partite nel girone contro Svezia e Brasile, adesso necessitavano di un risultato di almeno 2-0 per scalzare l'Italia dal terzo e quarto posto. Ma questa partita entrò sicuramente nella Storia del calcio russo! "Salenko", un nome ancora temuto dai camerunensi, per quelli che ancora si ricordano di quella partita! Fu proprio questo Salenko a segnare 5 reti agli indomabili leoni del Camerun e Radchenko aumentò la debacle per Milla e company. Roger Milla, forse la più grande leggenda del calcio africano, accorciò le distanze al 47' per 3-1. Ma non bastò la sua ultima rete ufficiale per riprendere la partita. Dopo Brasile, Svezia, Irlanda e Messico anche gli Azzurri passarono agli ottavi. Dopo questo 6-1 dei Russi in molti si domandavano dove sarebbe potuta arrivare la squadra russa di Mister Pawel Sadryn, se non avesse perso malamente la prima partita contro la Svezia. Mai come nel calcio, comunque, "con i se e con i ma" la storia non si fa! Certamente molti esperti avevano sbagliato le loro previsioni, ma sono proprio le piccole sorprese quelle che un tifoso si ricorda più facilmente. Una di queste sorprese c'era nel gruppo A, il gruppo dei padroni di casa. La Colombia veniva data come la maggiore favorita del Mondiale, nelle proprie file annoverava campioni come Asprilla, Valdera e Rincon. Molto di più ci si aspettava dai colombiani che un 1-3 nella prima partita a favore della Romania ed un 1-2 a favore degli Stati Uniti, partita questa segnata da un singolare episodio cioè l'autogoal di Escobar. Nell' ultima partita contro la Svizzera i latino- americani si erano riscattati egregiamente con il risultato finale di 2-0. Se lui non avesse fatto quell' autogol al 34', sicuramente i colombiani sarebbero rientrati in partita. Andrés Escobar, quello sfortunato giocatore, oggi sarebbe sicuramente ancora in vita ed invece per questo errore fu assassinato dalla mafia colombiana, la quale aveva scommesso una cifra enorme sulla vittoria finale della Colombia. Mi mancano le parole pensando a quell' episodio, perché quell'autorete Escobar non la fece di sicuro intenzionalmente!Comunque a passare il turno come primi furono i Rumeni davanti a Svizzera e Usa.

Il gruppo C della Germania era il meno favorito ad eccezione della Spagna. Sarebbe stata una grande sorpresa se le due favorite non avessero passato il turno. Nessuno nella mia scuola si sbilanciava per un eventuale finale a favore della squadra di Berti Vogts. Il Brasile e l'Italia in finale, ogni tifoso di parte ne era convinto! Con il risultato di 1-0 contro la Bolivia (Klinsmann al 61') nella partita inaugurale, un 1-1 contro la Spagna (Goicoechea al 14' e Klinsmann al 47') ed una vittoria sudata contro la Corea del Sud (1-0 Klinsmann al 12', Riedle al 20', Klinsmann al 37'; 3-1 Hwang Sun Hong al 52', 3-2 Hong Myung Bo al 63'). I campioni in carica passarono il turno come primi classificati davanti alla Spagna, ma la Germania non era più quello squadrone che era stato in Italia 4 anni prima. Inoltre c'è da dire che i vari campioni del calibro di Mattheus, Voeller, Brehme e Berthold avevano già raggiunto l'apice delle loro prestazioni nella Nazionale tedesca, adesso mancavano gli stimoli giusti per diferdere l'obiettivo del titolo di Campioni del mondo. Nonostante tutto si aveva la speranza che i Campioni degli anni 90 trovassero gli stimoli giusti per poter raggiungere un'altra volta l´ambito titolo. Anche i giocatori più giovani non avevano raggiunto la maturità giusta per soddisfare l´ambizione della propria nazione e per poter competere con nazioni come l´Italia ed il Brasile. Anche se i tedeschi si fossero qualificati primi, non si poteva parlare di dominio assoluto e di superiorità in quanto ormai avevano sempre dei problemi nelle fasi eliminatorie rispetto ai mondiali passati.

Nel 1974 persero contro la DDR l'ultima partita del girone e si qualificarono secondi nel girone. Nel 1982 contro l'Algeria persero per 2-1 ed anche il 1986 non fu un anno brillante per loro. Ma si sa: i Tedeschi sono una squadra da torneo che, partita dopo partita, acquistano gradatamente coraggio e forza. Quest'ultima partita del girone contro la Corea fu invece tutt´altro che un avanzare di livello, solo per poco si evitò una figuraccia! Si aveva la netta impressione che la squadra giocasse al limite delle proprie potenzialità, anche se fino a quel momento si erano dimostrati più forti degli Azzurri!

Era il quarto mondiale di Maradona e doveva essere l´ultimo. Se esisteva un giocatore che aveva raggiunto I massimi livelli era proprio Diego. Egli fu determinante nella vittoria per 4-0 nella partita inaugurale contro la Grecia segnando la terza rete. Il Man of the Match fu però Gabriel Batistuta, in arte Batigoal, con tre reti. L´attaccante della Fiorentina era diventato uomo simbolo del calcio argentino e per molti esperti di calcio egli era predestinato a diventare la superstar del Mondiale. La Nigeria, nel ruolo di favorita, con le sue azioni rapide di gioco riuscì ad entusiasmare non solo mezzo continente africano, ma tutti gli spettatori. Con un 3-0 contro la Bulgaria si spalancarono le porte degli ottavi di finale per gli uomini dell'allenatore olandese Clemens Westerdorf. I greci invece furono eliminati, finì infatti molto presto il loro primo Mondiale. Con 0-9 Punti e 10 reti subite i tifosi greci non avevano nessun motivo per celebrare i propri beniamini, di fatto la Grecia aveva ancora una strada molto lunga da percorrere se voleva vincere un titolo importante.

A parte la Romania c'era poi un'altra squadra sorpresa, quella di Hristo Stoichkov. Il campione bulgaro in forza al FC Barcellona mise a segno la rete dell'1-0 contro l'Argentina nell' ultima partita del girone, chiusa con il 2-0 di Sirakov che qualificò la Bulgaria con la Nigeria al primo posto ed i Gauchos. Seguivo questo girone molto attentamente visto che la prossima avversaria sarebbe uscita proprio da quel girone.

Avrei preferito che la Nigeria perdesse la sua partita contro la Grecia proprio per evitarli ed incontrare invece la Bulgaria. Ma tutto quello sperare e pregare, come sempre succede, non portò il risultato voluto. L´Italia doveva confrontarsi con quei giocherelloni dei Nigeriani. Gli Olandesi naturalmente non potevano passare un Mondiale senza stress e così dopo una lite tra Ruud Gullit e l´allenatore Dick Advocaat, il campione d´Europa del 1988 lasciò il ritiro della squadra e se ne tornò a casa. Gli olandesi alla fine si qualificarono primi nel girone con 6 punti davanti al Belgio ed all' Arabia Saudita e con il passare del turno suscitarono una grande sorpresa nel torneo. Solo il Marocco dovette salutare il Mondiale con 0 punti.

Italia contro Nigeria, solo il pensiero di questa partita mi faceva stare male e speravo solamente di non uscire dal torneo per mano degli africani. Con Findi, Yekini, Amunike, Amokachi, Oliseh e Okocha i nigeriani erano diventati la squadra favorita per gli esperti, ma nonostante tutto non si riusciva ad immaginare che l´Italia dovesse uscire battuta dalla Nigeria. Mi aspettavo tante critiche al mio rientro a casa, il mio mal di pancia durava ormai da 19 giorni e non riuscivo proprio ad abituarmi. In quel tardo pomeriggio ritornai lì, dove poche settimane prima il Milan aveva vinto la Champions League. A casa del mio compare c'era una gran confusione in quanto tutta la famiglia si era radunata nel salotto di casa: le due sorelle delle mie comari con i rispettivi mariti, i genitori, Pino e sua sorella Mina. Tutti avevano preso posto intorno al tavolo del salotto aspettando con ansia i primi commenti televisivi sulla partita. Il nonno di Pino, nonché padre della mia comara, si era accomodato alla fine del tavolo. Sicuramente a quel signore, che aveva già più di 70 anni sulle spalle, il caldo di luglio e la tensione per la partita gli stavano dando alla testa! Era completamente esausto, vestito solo con un pantaloncino ed una canottiera e aspettava con ansia anche lui l´inizio della partita. Quei pochi capelli grigi, irti come i denti di una spazzola e perle di sudore che scorrevano sul suo volto. I suoi pochi denti si vedevano perfettamente, perché respirava profondamente a bocca spalancata. Mentre discutevamo della partita io non riuscivo a distogliere lo sguardo da quell' anziano signore, avevo la sensazione che a breve gli sarebbe venuto un infarto! Non appena i giocatori entrarono in campo la mia attenzione si trasferì solo sullo schermo e dovetti controllarmi per riuscire a non rompere, durante un'esultanza, un lampadario formato da cinque palle di vetro che era appeso direttamente sulla mia testa. Il lampadario pendeva dal centro del soffitto e le palle di vetro scendevano giù ad altezza differente. Quando il signor Arturo Brizio Carter, arbitro messicano, diede inizio alla partita nel Foxboro Stadium di Boston, tutto esaurito con ben 54.357 spettatori, già si sapeva chi sarebbe stato ad aspettarci nei quarti di finale: niente di meno che la Spagna con un secco e meritatissimo 3-0 contro la Svizzera nel Robert F. Kennedy Memorial Stadium, l'unico stadio/palazzetto coperto di questo Mondiale. Ma prima di affrontare i vari Hierro & Co. dovevamo farci le ossa contro gli africani! E niente, ma proprio niente faceva presumere un passaggio al prossimo turno! La Nigeria conduceva sempre un calcio offensivo e frizzante, mentre in Italia si sentiva la mancanza di Franco Baresi e così Maldini dovette cambiare la sua abituale posizione da sinistra al centro della difesa. Benarrivo e Mussi facevano disperare spesso il nuovo capo della difesa Costacurta, solo Marchegiani era un valido sostituto per l´ espulso Pagliuca.

C'era un'aria molto pesante nel salotto del mio compare, il vantaggio degli africani dopo 25 minuti era stato meritatissimo e per questo la rabbia nei confronti della Nazionale italiana cresceva sempre di più specialmente quando Amunike al 27' fece esultare tutta la Nigeria. Ma cosa diavolo stavano combinando gli Azzurri? Perché?... perché non facevano vedere al mondo cosa sapevano fare realmente? Berti veniva sostituito al 46' da Dino Baggio, il marcatore contro la Norvegia. Mi chiedevo perché Sacchi non l´avesse fatto giocare dall' inizio. Anche Dino Baggio, come Donadoni e Albertini rimasero sotto le aspettative. Più andava avanti la partita, più si aveva l´ impressione che gli Azzurri stessero prendendo delle misure sistemandosi dietro. Iniziò così un botta e risposta anche se la Nigeria avrebbe potuta chiuderla prima, ma la difesa si era ricompattata. Al 76' finalmente Sacchi sostituì Signori con Zola. Perché Sacchi aveva lasciato così tanto tempo in panchina quell' attaccante così tecnico e grintoso? Ma anche gli Dei non volevano credere in Zola. Dopo solo 12 minuti di assaggio di Mondiale, l'arbitro messicano lo espulse, ma in realtà non c'era assolutamente alcun fallo. Forse fu proprio quell' evento che diede la "sveglia" agli Azzurri. Come indemoniati si stavano difendendo da un'incombente sconfitta e da mille pomodori e uova che, se avessero perso, li stavano aspettando a casa!   Dov'era la Juve? Dov' era il vecchio simbolo della Juve? Roberto non era presente, nessun goal in 4 partite e stavamo inesorabilmente avvicinandoci alla sconfitta. Le occasioni da goal stavano aumentando come il sudore sulla fronte di tutti noi in quel salotto del mio compare, solo Mimmo era l´unico superstite che riusciva a restare distaccato...

«L´Italia adesso pareggia»

...ripeteva sempre più spesso, ancora 5 minuti... solo 4 minuti... I tifosi africani nello stadio avevano già iniziato i festeggiamenti... finito, basta, di nuovo senza titolo, aspettare di nuovo 4 anni! Avevo la sensazione di aver mangiato cemento e, come se non bastasse, stavo lottando con le lacrime. In quel salotto regnava un silenzio surreale, che veniva interrotto solo dal rumore della strada e delle macchine che passavano. Mio padre stava seduto davanti alla televisione come noi, forse lui aveva ancora qualche speranza, io invece l'avevo persa completamente! Mancavano solo due minuti alla fine, stavo già raccogliendo la mia bandiera e la sciarpa dell'Italia che avevo preparato prima della partita sotto la televisione. La stavo piegando lentamente... quando la palla arrivò a Baggio... ma non c'era nessuno compagno a cui poter passare la palla. Cosa doveva fare? Un dribbling secco... eravamo all' 89'...all'improvviso il tiro da 18 metri... la palla cominciò a volare, a volare...

«GOOOALL... GOOOOOAAAAAAL»

...All'improvviso saltammo tutti per aria, come morsi da una tarantola e fummo interrotti solo per un secondo da un forte boato. Il nonno di Pino, seduto sul divano, con le braccia aperte e la bocca spalancata non sapeva nemmeno cosa stesse succedendo. Vetro ovunque... ma era uguale, si continuava ad urlare a squarciagola. Noi uomini stavamo tutti abbracciati e non ci rendevamo ancora conto della nostra fortuna...

«Adesso con i supplementari ce la faremo» diceva Pino.

...Mentre stavo riaprendo la mia bandiera, sentii un forte dolore pungente nella mia mano sinistra. Da uno sguardo sul tavolino ci rendemmo tutti conto cosa era successo: nell' esultare avevo colpito con il mio pugno la lampada che avevo proprio sulla mia testa scatenando una reazione a catena, cosicché le 5 palle di vetro si ruppero in mille pezzi, ma sembrava che a nessuno importasse molto, anzi il mio compare si mise a ridere a crepapelle, chissà magari non gli piaceva nemmeno quella lampada mostruosa!

La Maximilianstrasse nel cuore di Augsburg - il cosiddetto miglio di Augusto - era in un'estasi totale, un mare di bandiere tricolori, caroselli di macchine, dappertutto gente che festeggiava e cantava. Che giornata, che tensione! Finalmente l'Italia aveva segnato, prima il pareggio e poi anche il goal partita. Nei supplementari subì un fallo nell' area di rigore e segnò quindi anche il goal della vittoria chiudendo il risultato per il 2-1.

«I-TA-LIA... I-TA-LIA...I-TA-LIA...

sei forte... e vincerai» Pensavo…

«Oh mio Dio, facci festeggiare altre tre volte ed aiutaci a diventare Campioni del mondo»

Per arrivare alla vittoria finale ci aspettavano comunque ancora degli ostacoli non indifferenti. In classe sempre più amici iniziavano a tifare per l'Italia, nessuno più, a parte i Croati, Zlatan e Igor, augurava la vittoria al Brasile. L´Italia era amata, non solo perché era la meta vacanziera preferita dai tedeschi, ma anche per le belle donne, il buon cibo, il vino e per la mentalità più leggera. L´Italia è e sarà sempre sinonimo della dolce vita! Soprattutto l´Italia era un paese europeo e nel recente passato degli ultimi 30, 40 anni era nata una certa amicizia tra le due nazioni. Avevo litigato forte con Zlatan, perché si era permesso di picchiarmi in presenza della mia ragazza Cristina. Lei non sapeva che io uscivo di nascosto i venerdì e sabato sera, puntuale come un orologio svizzero lei doveva andare a dormire alle ore 22 perché credeva fermamente che andare a dormire entro mezzanotte facesse bene alla salute. Io però non mi fidavo tanto della sua teoria e così mi misi a controllare di nascosto se non c'era altro, ma la sua onestà mi fece venire i sensi di colpa. Nonostante tutto però non riuscivo a rinunciare al bisogno di andare a divertirmi da solo. Zlatan mi chiese a scuola, in presenza di Christina, se doveva venire a prendermi di nuovo venerdì sera, ovviamente mi colse impreparato e risposi di getto malamente dicendogli…

...Dovevo trovare una buona scusa all' istante in quanto Cristina cominciò a farmi una mega scenata, alla fine la questione era che, volente o nolente, dovevo restare con lei fino alle 23,30 di sera, giusto in tempo per prendere l´ultimo autobus della notte. Mentre mi ero preparato rapidamente a casa e dopo un faticoso fuggi fuggi dai miei genitori, presi la mia bici e mi feci ben 8 km per arrivare alla Soundfactory. Zlatan godeva di questa situazione assurda, a volte era un vero stronzo!

Per fortuna l´Italia sabato doveva giocare contro la Spagna. Se mi avesse proibito di vedere la partita dal mio compare avrei sicuramente interrotto la nostra amicizia. Non che sperassi di riuscirci, ma con Cristina dovevo capire il perché non potessi divertirmi da solo. Il titolo mondiale era il grande sogno! Per il passaggio ai quarti mancava solo un punto. Nei giorni delle partite tra Nigeria e Spagna i miei pensieri erano già ad un ipotetico avversario in semifinale. Se la Germania avesse battuto la Bulgaria e noi gli Spagnoli, avremmo avuto la rivincita della finale del 1982. Proprio questa era la mia semifinale perfetta, perché, a differenza di Nigeria e Spagna, la Germania era l´avversaria più abbordabile. Nei primi 35 minuti della partita contro la Spagna l´Italia si stava dimostrando forte come mai finora aveva fatto vedere nel Mondiale. Meritatamente l´Italia andò in vantaggio un'altra volta con Dino Baggio al 26'. Anche in occasione di questa partita Pino e suo padre non riuscirono a godersi lo spettacolo. La Spagna stava aumentando la sua forza mentre l'Italia si stava ritirando sempre più indietro e così arrivò ciò che doveva arrivare: al 59' pareggio di Josè Luis Caminero. La squadra azzurra in questa partita aveva comunque più fortuna che nelle partite precedenti contro la Norvegia e la Nigeria. L´eccellente arbitro ungherese Sandor

Phul non vide per fortuna un fallo forse volontario di Tassotti su Luis Enrique, la conseguenza per il giocatore spagnolo fu una rottura del setto nasale e dopo questa partita il difensore del Milan fu squalificato per 7 partite. A differenza delle altre partite avevamo però una reale speranza in più, cioè quella nell' uomo con le trecce rasta e con il codino d´oro, cioè Roberto Baggio che segnò a due minuti dallo scadere del tempo il goal della semifinale. Le strade di Augsburg si riempirono nuovamente di tifosi italiani che festeggiavano la semifinale raggiunta, adesso tutti volevano battersi contro la Germania e lo gridavamo nei nostri cori al cielo. Prima di questa auspicata semifinale i tedeschi comunque dovevano affrontare prima la squadra sorpresa del torneo, cioè la Bulgaria. Mi ricordo benissimo quel giorno: splendeva il sole, era un luglio caldissimo! Guardai la partita con Verenc, il padre di Cristina, ero totalmente rilassato, le persiane erano abbassate a metà e si stava creando una situazione quasi da pennichella pomeridiana. 72000 Spettatori nello Giants Stadium di New York per assistere a questa partita dal vivo. La Germania non giocò male e Matthaeus li portò meritatamente in vantaggio al 49'. Sarebbe stato l´ultimo goal della Nazionale tedesca in questo Mondiale, perché fu Hristo Stoichkov a dare il via alla fine dell'epoca dei tedeschi, campioni del mondo, al 76' e solo tre minuti più tardi Jordan Letchkov segnò il goal vittoria del 2-1. La Germania non fece un gran Mondiale, ma se solo avesse fatto più attenzione in quei tre minuti avrebbe meritato l´accesso alla semifinale. Tutti e due i goal erano parabili ed i tedeschi, dopo quei tre minuti di blackout, cercarono uno sprint finale, ma senza esito. Mancò loro quel pizzico di fortuna che qualche altra squadra in quel torneo aveva già goduto. Tutta la Bulgaria celebrava l'accesso alla semifinale, anche le campane delle chiese suonavano festosamente. Grazie a Dio per questo miracolo bulgaro!   Anche Verenc ed io non potevamo evitare di sorridere sotto i baffi per questa clamorosa eliminazione dei tedeschi. Anche i turchi festeggiavano questa sconfitta con dei caroselli lungo la Donauwörtherstrasse nel quartiere Oberhausen. Che mondo pazzesco! C'era anche il risultato finale tra Brasile e Stati Uniti negli ottavi e la squadra americana di Bora Milutinovic poteva salutare il Mondiale a testa alta. Solo in pochi avrebbero scommesso sul raggiungimento degli ottavi da parte degli americani, invece Wynalda, Stewart, Lalas, Dooley, Meola e compagnia furono una sorpresa positiva di questo torneo. Se solo Lalas non avesse sciupato quella grandissima occasione dell'1-1, forse il miracolo si sarebbe compiuto!

A seguire i brasiliani con molta fatica e fortuna eliminarono nei quarti anche gli olandesi del mister Advocaat, una finale anticipata per molti! Dopo un vantaggio di 2-0 per i brasiliani, la partita terminò 3-2 per i Carioca. I brasiliani Romario e Bebeto segnarono i primi due goal, poi ci fu il pareggio da parte di Bergkamp e Winter, ma Branco condannò gli olandesi segnando il goal della vittoria in una posizione molto sospetta di fuorigioco.

Gli svedesi poi con un secco 3-1 contro gli arabi confermarono la propria forma straordinaria, ma nei quarti contro la Romania non bastarono 120 minuti di partita per avere la meglio sui rumeni, ma furono i calci di rigore a far esultare gli svedesi per la semifinale raggiunta. Poveri rumeni, stavano già sognando un'ipotetica semifinale contro il Brasile. Raducioiu, con il goal pareggio nell' ultimo minuto dei tempi regolamentari e 12 minuti più tardi con il vantaggio, avrebbe potuto diventare l'idolo rumeno! Invece alla fine la Svezia si dimostrò più forte! C'è chi subisce il goal del pareggio all' ultimo minuto, chi deve rincorrere uno svantaggio nei supplementari e chi dimostra tanto carattere da tornare in partita e meritare il passaggio del turno. La Romania aveva avuto il suo grande momento contro l'Argentina, dove i

rumeni poterono approfittare della morte del giocatore
colombiano Escobar e dello scandalo più grande di un
Mondiale! Diego Armando Maradona, simbolo vivente del
calcio argentino e mondiale, venne espulso dalla Fifa dal
Mondiale per uso di doping ed assunzione di droghe. No,
questo del Mondiale non era un palcoscenico degno per uno
dei più grandi calciatori di tutti i tempi!

Alle semifinali giunsero così l'Italia contro la Bulgaria e la
Svezia contro il Brasile. Dopo la favola danese teoricamente
qualsiasi squadra poteva diventare campione del mondo.
Nessuno poteva comunque credere che la Grecia, dopo un
Mondiale così catastrofico, un giorno sarebbe entrata in lista
per la conquista dell'Europa sotto la guida di Kaiser Otto, ma
di questo parlerò più avanti. Dopo il triplice fischio
dell´arbitro Joel Quiniou tra Italia e Bulgaria, Roberto Baggio
scoppiò in lacrime. Sentiva tutta la pressione ora che era
a pochi passi dal suo più grande trionfo. Nella più bella
partita degli Azzurri il Robby nazionale riuscì a segnare
due goal che ci portarono alla vittoria ed in finale chiudendo
con un 2-1 contro la Bulgaria. La Donauwoertherstrasse era
deserta poco prima di mezzanotte, ma partimmo ugualmente
con la speranza di incontrare qualche italiano sulla Maxstrasse. Più ci avvicinavamo al centro, più aumentavano le
macchine con le bandiere italiane. Era già tardi e non
sapevamo se potevamo iniziare con i caroselli, ma quando
vidi le altre macchine italiane gridai dal sedile posteriore…

«Mimmo, lì sono italiani»
…mentre Pino confermava. Mimmo non reagì, così
premetti io il clacson ed iniziò la nostra festa! Dallo Stadt–
theater[1] si bloccò il traffico verso Augsburg. Da non credere!
Non solo italiani a festeggiare, ma anche i tedeschi a farci

---

[1] Steadttheater / il teatro

compagnia, ingorgo stradale totale a mezzanotte ad Augsburg. La nostra città non era però un caso unico, in Italia infatti stava succedendo il finimondo! Siccome la Maxstrasse era stata chiusa al traffico, dovemmo parcheggiare fuori. Incredibile quante persone presenti con il tricolore a colorare il miglio di Augusto di Augsburg. Nessun Romario avrebbe potuto più fermarci. Tutti con lo stesso sogno! Ah, se quella fosse stata già la vittoria finale! Ma tutti eravamo consapevoli che l´esame più duro doveva ancora arrivare! La possibilità era 1-1 Italia contro Brasile. Il signor Boser ed io non ci scambiavamo più nessuna parola, anche se gli sguardi dicevano più di mille parole. Anche i commenti stupidi di Zlatan ed Igor finirono ed io, dopo queste 4 settimane di nervosismo cronico, fitte allo stomaco, sudorazione continua e speranza infinita, arrivai ad un punto che non me ne fregava più niente di tutto e di tutti! Nessuno riusciva più ad entrare in contatto con me, ero entrato in un tunnel di assoluta concentrazione totale...vincere e basta!!! Noi avevamo Baggio, che ai nostri occhi non appariva più come un essere umano, bensì un Dio, una leggenda vivente, il nostro simbolo, il "Cesare" dei sogni italiani! Zlatan si rese conto che i suoi commenti non mi toccavano proprio più e così andammo addirittura per strade separate.

Il 17 giugno 1994
Los Angeles, Pasadena, Rose Bowl Stadium. 91.194 spettatori

Brasile: Taffarel, Jorginho, Aldair, Marcio Santos, Branco, Dunga, Mauro Silva, Mazinho, Zinho, Romario, Bebeto

Italia: Pagliuca, Mussi, Baresi, Benarrivo, Maldini, Berti, D.Baggio, Albertini, Donadoni, R.Baggio, Massaro

Fu una notte breve per me, anche se rimasi sveglio fino alle prime ore dell'alba, mio padre non avrebbe dovuto svegliarmi per la messa della domenica mattina perché ero molto stanco, invece quella domenica fu normale per me, dovetti svegliarmi e preparami senza borbottare per andare a messa. Senza rendersi conto che ero già sveglio, mio padre aprì la porta e per un paio di secondi, pieno di sogni e di speranze come me, si soffermò a fissare tutti i poster di Inter, Milan e Juve. Normalmente nella mia stanza c'erano solo poster del Milan, ma la Nazionale non era composta solo da giocatori del Milan. Io spostai il mio cuscino che stava nascondendo il mio viso e gli augurai per primo buon giorno. Mio padre mi fissò con un sguardo che solo poche volte avevo visto sul suo viso, stava sorridendo!... Uno sguardo che forse non dimenticherò mai, come se mi volesse dire che dopo tanto tempo e dopo 4 settimane stressanti ce l'avevamo fatta. Eravamo in finale, mancavano solo pochi passi alla realizzazione del sogno! Per lui poi non era così lunga l'attesa dall'ultimo trionfo, solo 12 anni, ma io non mi ricordavo proprio nulla del 1982. Il mio sguardo si spostò da mio padre al Tricolore appeso sopra mio letto. Lì mi assalì una valanga di emozioni che quasi stavo per piangere, lacrime che potevano spiegare i miei sentimenti in quel periodo, ero sfinito dai nervi! Non riesco a spiegare con parole di come mi son fatto prendere da quel Mondiale. Prima quel lungo campionato con il Milan, la speranza infinita di non incontrare il Barcellona in finale. Ed alla fine questo! Sempre fino all' ultimo sospiro! L'Italia non aveva vinto con assoluto predominio nessuna partita in questo Mondiale! Comunque mio padre non riuscì a non emozionarsi e così si fece scappare anche lui una piccola lacrimuccia. Mi diceva per incoraggiarmi…

«Non ti preoccupare, l'Italia diventerà campione del mondo»,

…ma dentro di me sapevo che il mio sogno era ancora lontano per essere realizzato. Il cammino era ancora lungo, ma per la prima volta in questo Mondiale i miei genitori vennero dal mio compare. Feci tanta fatica a convincere a mio padre di lasciare casa per venire a vedere la partita e comunque avrei preferito se mia madre non fosse venuta. Mia madre non mi convinceva per niente, faceva sempre pronostici contro l'Italia, quasi un uccello del malaugurio. Una volta mi disse che sperava che l'Italia fosse eliminata presto dal torneo, così non mi sarei alterato né stressato così tanto. Era logico invece che per me non fosse affatto così e se mia madre fosse stata più lungimirante, avrebbe dovuto augurarmi la vittoria dell'Italia per placare i miei sensi. Non oso neanche dire quanto la odiavo in quei momenti ed in più c'è da dire che, a differenza della mia comara, mia madre non era per niente entusiasta del gioco del calcio e non ne capiva proprio niente. La tensione quella domenica sera era altissima, soprattutto il mio compare Franco! Era seduto su quel divano, le mani imperlate di sudore ed era assolutamente nervoso ed ansioso per la partita. Mia madre invece, a differenza degli altri, era totalmente rilassata e, seduta sul divano, cercava di coinvolgere Angela in discorsi più o meno banali. La festa di chiusura del XV Mondiale di calcio stava per terminare, io stavo seduto lì e con i miei pensieri tornavo indietro alla partita del Milan, al Barca, alla sconfitta con l'Irlanda, al cartellino rosso di Pagliuca e la sostituzione di Robby nella partita contro la Norvegia, alla rimonta contra la Nigeria! Ed ancora a Tassotti contro Luis Enrique, alle lacrime di Baggio contro la Bulgaria ed a tante altre piccole cose. Finalmente eravamo arrivati vicini al mio grande sogno, adesso bastava vincere e chiudere il cerchio. La così tanto agognata finale stava per iniziare, quanto desideravo quella coppa, per essa avrei cambiato tutti gli scudetti e trionfi del Milan che avevo vissuto. Avevo però addosso una brutta sensazione! Mancava solo l'ultimo ostacolo, solo il Brasile, si fa per dire! Guardando il loro cammino in questo torneo, erano quelli che meritavano di più il titolo, anche se per la quarta volta. Già all' ingresso in campo i brasiliani si dimostravano molto uniti disponendosi verso il centro del campo in fila per cantare l'inno nazionale. Sandor Puhl ebbe pochi problemi nei primi 45 minuti di partita con entrambe le squadre, fu una partita molto leale dove nessuno era superiore all' altro. Romario e Bebeto hanno cercato più volte di attaccare, ma si scontravano sempre contro il muro italiano composto da Baresi e Maldini. Dopo ci fu un'azione da fermo di Carlos Dunga, poi un calcio di punizione lungo 5 metri e Romario di testa pronto a colpire Pagliuca ed in questa situazione il mio stomaco sussultò! In sottofondo mia madre mi stressava ancora di più con i suoi discorsi, non era bello infatti sentire parlare discorsi di casalinghe durante una partita così importante. All'improvviso mia madre fece una domanda su una telenovela e quando Angela rispose, mio compare fece un commento deciso e ad alto volume facendo capire loro che stavano disturbando. Allora non ero l´unico a cui dava fastidio tutto quel vociare!

Al 20' Jorginho si infortunò e dovette lasciare il campo infortunato e fu sostituito da Cafu. Anche l´Italia, sempre per infortunio, dovette cambiare Apolloni per Mussi al 27'. Come già detto, a parte qualche piccola occasione come il contropiede di Massaro al 18' o la punizione di Branco, che Pagliuca riuscì a bloccare solo in due tempi ed un tiro di Romario al 37', questa finale risultò interessante sia per i brasiliani che per gli italiani, ma di fatto quella finale fu priva di grandi emozioni. Ovviamente si notava il nervosismo dei giocatori. Fine primo tempo: il primo ostacolo era superato! Non stavamo vincendo, ma almeno avevamo chiuso il primo tempo senza fare danni. Nessuno di noi voleva fare un pronostico, il Brasile con un piccolo vantaggio, ma l'Italia era sempre più agguerrita.

Paragonando questa finale con le partite del torneo degli Azzurri, si può dire che questa è stata la prestazione migliore dell'Italia. Non si era nemmeno sicuri all'inizio se Roberto Baggio avrebbe giocato la finale a causa di un infortunio alla coscia destra, invece alla fine riuscì a giocarla. Anche Franco Baresi, che si infortunò al menisco nella seconda partita contro la Norvegia, divenne vittima "fortunata" della medicina moderna. Dopo un'operazione al menisco in solo 4 settimane i medici riuscirono a farlo tornare in forma in tempo per la finalissima. Tutti questi fatti accaduti erano perfetti per fare un'analisi di intervallo. Iniziava il secondo tempo e le squadre cercavano di trarre vantaggio dai piccoli errori dell'avversario con qualche manovra di contropiede. Le difese erano impenetrabili. Pagliuca, con una parata da cineteca, per la gioia dei fotografi, fermò un colpo di testa di Bebeto, azione inutile per posizione di fuorigioco. Questa finale non aveva molto da offrire anche se era giocata su un altissimo livello tattico, una partita che si svolse per la maggior parte a centrocampo. Ad un tiro di Mauro Silva al 73' il nostro portiere venne graziato, poiché il pallone gli sfuggì dalle braccia ed a rallentatore andò a toccare il palo e da lì finì direttamente di nuovo nelle braccia di Gianluca Pagliuca, che con un bacio andò a ringraziare il palo. Se quel tiro non fosse stato parato sicuramente Gianluca Pagliuca sarebbe diventato il più grande sfigato della storia dei Mondiali, ma la palla per fortuna non entró in porta. Al 77' una punizione di Albertini finì in tribuna ed i tifosi, invece di ributtarla in campo, iniziarono a giocare sugli spalti passandosi la palla e urlando…

«Ho toccato la palla della finale, ho toccato la palla della finaleeee».

…Né Roberto Baggio né Romario riuscirono a decidere la finale nei primi 90 minuti. Entrambi gli attori avevano avuto la possibilità, poco prima dello scadere dei primi 90 minuti, di diventare eroi per l´eternità. Ma per questo si doveva sperare nei supplementari! Chi avrebbe vinto? Chi avrebbe alzato al cielo la Coppa dei desideri ai miliardi di spettatori? La tensione era insopportabile, le mie mani avevano inzuppato di sudore freddo il mio tricolore. Nel frattempo mia madre aveva ricominciato a parlare a ruota libera e con mio grande stupore raccontava alla Comara storie che mi erano accadute quando andavo a scuola. Lì la mia pazienza terminò ed esclamai…

«Mammaaaa, se non ti interessa la partita,
smettila di romperci con i tuoi discorsi e vattene a casa».

…Lei, invece di capire che stava dando fastidio con il suo parlare non stop e di stare zitta, cominciò a mettermi la Comara contro. Per fortuna c'era mio padre, anche lui non ne poteva più dei discorsi di mia madre e redarguendola aspramente riuscì a riportare la tranquillità necessaria per vivere in santa pace la finale di un Mondiale, che aveva come protagonisti i nostri Azzurri. Fino agli ultimi 5 minuti dei supplementari non successe nulla, né Bebeto né Romario riuscirono a segnare per i brasiliani. Anche Baggio ed il suo compagno attaccante Massaro sembravano abbandonati dalla fortuna. Albertini, con un passaggio da centrocampo, su Baggio…uno due con Massaro…Baggio dal limite dell'area di rigore… tiro e fuori dallo specchio della porta. Se fosse stato al cento per cento, sicuramente avrebbe fatto qualche passo in più verso la porta. Così ci trovammo di nuovo, come 4 anni prima, ai calci di rigore, come avevamo scommesso con il signor Boser. Solo 5 tiri al trionfo, anche se sinceramente non pensavo per niente ai 50 marchi della scommessa…

«Oh Dio, facci vincere, per favore, per favore!»

…Angela aveva comprato una lampada nuova in salone, stavolta precauzionalmente aveva cambiato modello, non più una che pendeva pericolosamente dal soffitto. Il mio Compare, dopo la partita contro la Nigeria, mi aveva obbligato ad essere per forza presente in veste di portafortuna. Pagliuca e Taffarel, che si conoscevano dalla serie A, andavano a braccetto verso l'area di rigore, quell' area di rigore che in quel momento sicuramente era la più osservata al mondo. Essi scambiarono qualche parola augurandosi che tutto andasse bene. Per me quello era uno dei momenti più belli di quel fantastico Mondiale. Gli Americani erano riusciti a creare un megaevento in una nazione dove il calcio non viene seguito come nel resto del mondo. Franco Baresi, deluso in Maglia Azzurra nei tornei di Germania 88 e Italia 90 e dopo il fallimento nelle qualificazioni agli Europei 92 in Svezia, aveva deciso di lasciare la Nazionale, invece, dopo un pareggio contro la Svizzera in un amichevole a Cagliari per 2-2, fu convinto dalla FIGC a tornare in Azzurro. Adesso toccava a lui tirare il primo calcio di rigore, pronto per un altro passo verso la gloria Azzurra. Affetto da crampi negli ultimi momenti della partita, forse era destino che doveva essere proprio il difensore del Milan a riportare in vantaggio l'Italia. Così guardavamo tutti gli ultimi attimi di Franco prima che tirasse il calcio di rigore, io con la mia maglia azzurra completamente sudata addosso, il tricolore in pugno, speravo nel vantaggio dell'Italia. Dentro di me però il Brasile restava ancora la favorita al titolo! Per la tensione il mio stomaco nel frattempo girò sette volte in senso antiorario! Franco prese la rincorsa ed inspiegabilmente il suo tiro spedì il pallone sopra la traversa verso gli spettatori. Vantaggio per il Brasile! Mauro Silva era il primo protagonista per i brasiliani. Stringevo talmente forte il mio tricolore da sentire dolore alle mani. Povero Franco, il mio Compare, non Baresi, era vicinissimo ad un Infarto. Gli dicevo...

«Non ti preoccupare, Gianluca lo para,
Pagliuca lo para...Pagliuca lo para...

...un urlo di passione si alzò dal nostro salotto! Tutto ripartì da zero. Ancora nessun goal quella sera o meglio eravamo ancora 0-0. Adesso però il pallone doveva finalmente entrare in rete! Albertini, la 23enne mascotte del Milan, era anche il giocatore più giovane della Nazionale e doveva prendersi la responsabilità di portarci in vantaggio. E lo fece! Freddissimo ci portò in vantaggio! 1-0 per l'Italia! Adesso toccava a Romario, che però nei 120 minuti non riuscì a portare in vantaggio il Brasile. Se avesse sbagliato sicuramente sarebbe stato un crack per tutta la nazionale verdeoro, ma, con tanta fortuna e l'aiuto del palo, riuscì a pareggiare, puuhhh , che fortuna per loro, 1-1 della Star del Barcellona FC. Adesso toccava ad Alberigo Evani a riportarci in vantaggio e lo fece alla maniera di Neeskens, tiro forte centrale e goal. Di nuovo vantaggio per gli Azzurri! A tremare non fu solamente il nostro salotto, ma penso altri milioni di salotti. Se Pagliuca avesse parato il prossimo tiro di Branco, la squadra di Sacchi avrebbe potuto già iniziare a pregustare la coppa. Ma anche Branco, con un tiro preciso rasoterra, infilò Pagliuca. E così si continuò! Battiti cardiaci, paura, speranza...

> *«Oh mio Dio, facci vincere,*
> *avrei dato ogni coppa dei Campioni*
> *in cambio di questo Mondiale»*

...E adesso... Daniele Massaro, il primo tiratore italiano attaccante, si presentò davanti a Taffarel. Solo poche settimane prima era stato uno degli eroi di Atene, con due reti contro il Barcellona nella finale di Champions League. Sbagliare adesso era proibito, perché spazio per rimediare ne era rimasto pochissimo! L'eroe di Atene sicuramente non ci avrebbe deluso...

«DANIELE... FORZA ITALIA!»

...Ma Daniele fu vittima della pressione di quel momento e Taffarel parò grandiosamente un tiro debole, lanciato a mezza altezza sulla destra. Così fu di nuovo vantaggio per il Brasile. Cosa ci poteva aiutare adesso? Pagliuca era costretto a parare il prossimo tiro. Anche Dunga, che era considerato una leggenda come Pelé, prese la mira e trafisse i cuori italiani con il goal del vantaggio brasiliano per 3-2. Tutte le speranze adesso erano appese ai piedi di un solo giocatore, di colui che ci aveva portato proprio fino a qui, di quell' uomo che aveva mantenuto vivo il sogno di tutti noi. Lui, che quasi da solo, ci aveva sollevato dal baratro nella partita contro la Nigeria ed il cui nome poteva essere tranquillamente associato ai grandi nomi di giocatori come Rossi, Zoff, Rivera o Mazzola. Fino a pochi istanti prima della finale non era neanche sicuro che giocasse, ma i medici riuscirono a tenere a bada lo stiramento della coscia destra. Roberto Baggio si avvicinò così verso il dischetto, la tensione era insostenibile, nessuno fiatava più. Baggio contro il resto del mondo! Due miliardi di spettatori lo stavano accompagnando verso quella porta, che più piccola non avrebbe potuto essere. Su di lui erano riposte le speranze di tutti gli italiani del mondo! Quando Roberto Baggio, in quel pomeriggio americano del 17 luglio 1994, rimase impietrito sul dischetto e di fronte a lui Romario che saltava per la gioia, sapevo che quel momento avrebbe accompagnato il mio idolo fino alla fine. Lui rimase lì, sembrava un'eternità, fissava il terreno e non si rendeva conto di cosa stava succedendo intorno finché tirò troppo in alto il quinto ed ultimo penalty degli Azzurri. Non potevo credere ai miei occhi e comunque non gli ho mai perdonato quella palla tirata verso il cielo. In realtà però non c'era nulla da perdonare, aveva gareggiato per una generazione intera ed anche se non era riuscito a portarci all'apice del paradiso calcistico, era comunque riuscito a conquistare tutti i cuori. Alcuni minuti dopo la fine di questa tragedia stavo ancora lì seduto, fissavo le immagini in tv e non riuscivo né a capire né a voler capire...Era finita quell' estate.

L´Italia, con mezza squadra del Milan, campione d´Europa, i protagonisti della Juve ed i giovani ribelli del Parma, doveva diventare la squadra campione del mondo ed invece si era rivelata tutta un'enorme illusione! Solo quando mio padre esclamò:

«*Fa niente, siamo arrivati ugualmente*
 in finale ed essere secondi non é cosi male, dai»

…mi svegliai dal mio stato surreale e non capivo come potesse pronunciare quelle parole! Un fanatico come era lui ai suoi tempi! Ero scioccato, sembrava fosse rimasto poco della sua vecchia passione …Un secondo posto é anche buono?… L´importante è essere in finale? Gli risposi che per me non era assolutamente così! Gli italiani non sono nati per accontentarsi di essere secondi! Mio padre molte volte diceva cose sagge, ma non quella volta, era la stronzata più solenne che avevo ascoltato dalla sua bocca. Preferisco mille volte perdere nei quarti o in semifinale, ma non arrivare al traguardo agognato, stare sullo stesso campo e guardare festeggiare gli altri. I secondi sono i primi perdenti ed alla fine quello che conta e quello che resta nella storia sono i titoli. Il giorno successivo decisi di non andare a scuola. Una settimana dopo, quando portai il certificato medico al signor Boser, venni a sapere che proprio il mio medico, il signor Weber ed il signor Boser erano amici stretti. Mi ricordo quel giorno come se fosse ieri. Il dottor Weber, mentre stava scrivendo il certificato medico, mi chiese come aveva giocato l´Italia. Come se non lo sapesse! Quando gli dissi che non ero tifoso di calcio mi rivolse uno sguardo semi minaccioso, ma sorridente. Sapeva che con gli Stadtwerke SV nella seconda categoria avevamo vinto più di qualcosa. Mi firmò il certificato e mi augurò ironicamente una buona guarigione, così mi rimase impresso nella memoria quel maledetto primo giorno dopo la sconfitta in finale nel 1994 .

Altre storie italiane

Non avrei mai sognato un'altra Argentina a 4 anni da Italia 90... un'altra sconfitta ai calci di rigore, dove c'è da dire che la sconfitta contro il Brasile nella finale di Los Angeles per me era stata ancora più brutta! Doveva passare del tempo per me per realizzare quella sconfitta ed ancora più tempo per digerirla! Penso di non aver mai sofferto così tanto a causa di una sconfitta come quella! Se parlo di calcio mi viene in mente l'immagine di Roberto Baggio dopo quel maledetto rigore sbagliato. Non meno triste era Franco Baresi, un giocatore che non riusciva più a vincere con la Nazionale in un Mondiale o in un Europeo. Guardando comunque agli ultimi tre tornei, in squadre come Germania, Italia e USA c'era il potenziale e la forza per un grande trionfo. Cosa potevo fare, se non aspettare il prossimo torneo!

Nel 1996 in Inghilterra si giocavano gli Europei di calcio. Arrigo Sacchi alla guida della Nazionale nel suo secondo grande torneo aveva il compito di fare il grande colpo e di guarire tante ferite aperte. Come già due anni prima però gli venivano a mancare i pezzi da novanta, giocatori che qualsiasi altro allenatore avrebbe preso ad occhi chiusi: Roberto Baggio, l'eroe tragico, era uno di quelli! Un altro motivo per la non convocazione può essere stato anche la forma fisica e mentale nel post mondiale in quanto sono seguiti molti infortuni. C'è chi dice che anche la sua conversione al Buddismo ha contribuito al suo calo di forma, ma io personalmente non credevo a questa cosa. Anche Gianluca Vialli non era stato convocato come due anni prima, anche se aveva vinto poco prima la Champions League con la Juve. Ovviamente anche il tempo portò dei cambiamenti: Angelo Peruzzi, il nr. 1 della Juve, prese il posto di Gianluca Pagliuca, poi Di Matteo della Lazio e Di Livio della Juve presero il posto di Berti ed Evani, infine un giovanissimo super talento di nome Alessandro Del Piero, la "Penna Bianca" Fabrizio Ravanelli, chiamato così per i suoi capelli grigi, ed Enrico Chiesa erano gli attaccanti predestinati a segnare tantissimi goal per gli Azzurri. La difesa rimase quasi la stessa con l´aggiunta di Moreno Torricelli che aveva disputato un ottimo campionato con la Juventus. Signori, Massaro e Tassotti erano ormai diventati il passato! La Juventus, come appena detto, fece un grandioso 1996 con la vittoria della Champions League che divenne balsamo per le ferite del calcio italiano. Anche se la finale di Roma contro l'Ajax fu una bella partita, la Nazionale restava un tema delicato. All' inizio degli Europei giurai a me stesso che mi avrei guardato tutte le partite tranquillamente a casa. La scuola professionale era terminata e così non avevo nessuno che mi provocava con commenti o altro sul calcio. Non vedevo l´ora di passare uno splendido Europeo con mio padre a casa senza stress, invece, poveri noi, quello che é rimasto impresso nella mente di noi italiani é una eliminazione precoce dal girone qualificatorio. Dopo che gli Azzurri avevano vinto la partita inaugurale del girone per 2-1 contro la Russia, Arrigo Sacchi divenne lezioso e cambiò tutto il reparto offensivo nella seconda partita contro la Repubblica Ceca, ma gli Azzurri persero per 2-1. Adesso era diventato obbligatorio battere la Germania nell' ultima partita del girone, sarebbe bastato anche un pareggio in caso di una vittoria dei russi contro i cechi. Gli Azzurri, che avevano disputato le prime due partite a Liverpool nel famosissimo Anfield Road, furono costretti a traslocare a Manchester nell'

Old Trafford, il "Teatro dei Sogni", come viene chiamato affettuosamente dai propri tifosi. Questa partita si ridusse poi ad una sfida dell'Italia contro il portiere Köpke, un'unica corsa verso la porta dei tedeschi anche se il portiere Andreas Köpke parò grandiosamente un rigore contro Zola con il risultato finale di 0-0. Rigori maledetti, la persecuzione degli italiani! La Germania quella sera era una barzelletta unica! Certe squadre che contano a volte nei tornei hanno una fortuna incredibile! Come già detto, sarebbe bastato anche uno 0-0 per l'Italia! I cechi alla fine primo tempo erano in vantaggio per 2-0 prima che i russi Mostovoi, Tetradze e Beschastnykh creassero delle occasioni sensazionali andando in vantaggio per 3-2. Solo all' 89' il ceco Smicer pareggiò i conti con il risultato finale di 3-3 e questo significò il passaggio del turno per la Repubblica Ceca. Avevamo fallito un'altra volta, anche se per fortuna non ai calci di rigore! Comunque avremmo dovuto raggiungere dei risultati più importanti con la squadra di Sacchi! Solo nell' ultima partita contro i tedeschi l'Italia era additata come favorita prima del torneo. La squadra di Berti Vogts venne letteralmente messa al muro! Le scelte sbagliate di Sacchi sarebbero finite al termine degli Europei. Ci eravamo presentati splendidamente contro i tedeschi e quindi i tifosi italiani erano arrabbiati con Sacchi per le scelte azzardate delle partite precedenti. Perché non avevamo giocato così offensivamente anche le prime due partite? Perché Sacchi era diventato così arrogante ed aveva fatto giocare un'Italia quasi da serie B nella seconda partita? Già all'inizio dell'era Sacchi era risaputo infatti che lui preferiva adottare una tattica più difensiva e per questo motivo si era scontrato più volte con Marco Van Basten ai tempi del Milan. Marco Van Basten, un bomber di razza pura e completamente inadatto per azioni di difesa! La Germania, già due volte Campione d´Europa, avrebbe dovuto lasciare il segno in questo torneo in terra britannica. Già alle qualificazioni di questo torneo si intravedeva una grande squadra. Dopo che i tedeschi si erano lasciati alle spalle i bulgari al secondo posto e dopo che due anni prima furono proprio i bulgari ad eliminare i tedeschi al Mondiale a sorpresa nei quarti, adesso con diritto si poteva dichiarare la Germania come la squadra favorita per la vittoria finale! La Germania doveva, o meglio, poteva disputare le proprie partite all' Old Trafford. In questo splendido stadio la nuova Nazionale tedesca di Berti Vogts aveva creato le basi per gli ottavi. Con il risultato di 2-0, con le reti di Ziege e Moeller, i tedeschi riuscirono tranquillamente a sconfiggere i cechi. Dopo la vittoria contro la Russia la Germania si era già qualificata per gli ottavi prima di incontrare

l'Italia. Negli ottavi poi c'era anche la Croazia, squadra che, per la prima volta nella storia dopo il conflitto nei Balcanici, si presentò ad un torneo di calcio da nazione libera e giocò con campioni come Boban, Suker, Stanic e Jarni, tutti sotto contratto nei più grandi Club europei. Furono degli Europei fantastici! Che squadrone sarebbe stato se la Jugoslavia non fosse stata divisa in tante piccole Nazioni, già negli Europei svedesi sarebbe stata la favorita numero Uno, invece fu squalificata dalla Uefa a causa della guerra nei Balcanici a favore della Danimarca che entrò in gioco... ma questa storia la conosciamo già! Manchester doveva diventare un portafortuna per il calcio tedesco, non solo per quello stadio stupendo, ma anche perché la squadra tedesca celebrava un calcio spettacolare con giocatori come Köpke in porta, Sammer, Babbel, Eilts ed Helmer in difesa. Era un vero muro da superare e quindi tutt'altro che facile! La squadra di Vogts non aveva subito un solo goal fino ai quarti. Anche Möller, Scholl, Ziege ed Hässler a centrocampo avevano contribuito al successo in modo significativo: erano loro che davano palle a non finire agli attaccanti Klinsmann, Bobic, Kuntz e Bierhoff e creavano varchi per gli attaccanti. L' eroe tragico della partita contro la Croazia fu Klinsmann, che fu costretto a lasciare il campo per un infortunio al 38', dopo che aveva portato i tedeschi in vantaggio al 21'. Tragico destino per Jürgen Klinsmann, perché questo infortunio significò per lui la fine del torneo. Il croato Suker riuscì a pareggiare al 58', ma fu Sammer solo 7 minuti dopo a segnare il goal della vittoria per 2-1. Che successo grandioso sarebbe stato per la squadra croata se fosse riuscita ad eliminare i tedeschi!

La partita successiva tra Inghilterra e Germania a Wembley fu qualcosa di straordinario per gli amanti del calcio, il 23 giugno 1996 ebbe luogo la rivincita della famosissima finale. Questa partita era stata dichiarata la "Finale dei sogni" in questo Europeo. Un' atmosfera magnifica traspariva quella sera nelle televisioni di mezzo mondo: migliaia di bandiere inglesi sventolavano ed i tifosi cantavano all'ingresso delle squadre in campo. Non avevo mai visto prima un'atmosfera simile in una partita tra Nazionali! Anche se non sono tifoso di nessuna delle due squadre, avrei voluto partecipare però dal vivo a quell' incontro. La partita poi in realtà non fu molto bella, già al terzo minuto Shearer portò in vantaggio gli inglesi, che però subirono il pareggio ad opera di Kuntz solo 13 minuti dopo. Nessuna delle due squadre riuscì a decidere la partita nei tempi regolamentari, così iniziarono i 30 minuti dei tempi supplementari. All'inizio della seconda metà dei tempi supplementari si sentiva già nell' aria profumo di calci di rigore. Nessuna delle due squadre era realmente superiore, si era creata un po' di tensione a causa della nuova regola del Golden Goal, ma proprio per quella nuova regola nessuna squadra voleva rischiare qualcosa. Così, come tante altre volte, furono i calci di rigore a decretare il vincitore. Anche quella volta non si riusciva a capire chi fosse la favorita, entrambe le squadre avevano tra I pali due veri fuoriclasse di nome Köpke e Seaman, entrambi eccellenti para rigori. Inaspettatamente però tutti e dieci i rigoristi andarono subito

a segno, solo Southgate si fece parare il rigore e così fu
Andreas Möller a siglare il rigore decisivo nello storico stadio
di Wembley.

Questo Europeo proseguì senza grandi sorprese, a parte
l´eliminazione degli Azzurri ci fu solo una squadra a
sorprendere tutti: la Repubblica Ceca, che riuscì ad eliminare
l'Italia, il Portogallo ed i favoritissimi Francesi. Si ripeté così
la partita del girone tra Germania e Repubblica Ceca. Ho visto
quasi tutti gli Europei a casa con i miei genitori, la seconda
volta, purtroppo, senza tensione. Dopo l´eliminazione dell'-
Italia mi era indifferente chi avrebbe vinto gli Europei. Solo
ad una squadra non avrei mai augurato la vittoria, ma dopo
le partite contro la Croazia e l'Inghilterra onestamente la
Germania avrebbe meritato di vincere per la terza volta gli
Europei. La fine di questi Europei non poteva essere scritta
meglio di così. Oliver Bierhoff...Oliver nazionale... Oliver
l´eroe, come sempre! Quando Bierhoff entrò in campo al 68'
gli Europei stavano andando a grandi falcate verso la fine, ma
iniziarono di fatto per il futuro attaccante del Milan. Dopo che
il ceco Berger portò in vantaggio la sua squadra per 1-0 al 59',
fu il tedesco italiano, che guadagnava i suoi soldi a Udine, a
pareggiare solo 5 minuti dopo il suo ingresso in campo
riuscendo così a rimettere in partita i tedeschi. Entrambe le
squadre avevano avuto molte occasioni per decidere la partita
nei tempi regolamentari, ma furono costretti ad andare ai
supplementari, i quali durarono però solo 5 minuti grazie al
bomber Bierhoff, già molto noto per la potenza dei suoi colpi
di testa. Dopo una papera di Kouba, fu proprio Bierhoff,
tirando al volo di destro, a decretare la fine di questo torneo
regalando alla Germania il primo Golden Goal ed il titolo di
campioni d' Europa. Passarono un paio di secondi prima che
arbitri, allenatori e giocatori realizzarono cosa fosse successo.
Ce l'aveva fatta Berti Vogts, degno erede di Franz Beckenbauer, a guidare la Nazionale tedesca alla vittoria finale.

Bierhoff saltò le transenne pubblicitarie esultando e correndo verso la curva tedesca. Möller, che nel 1990 non era riuscito a godersi del tutto il Mondiale vinto poi ché non aveva giocato, adesso era fuori di sè. Bierhoff, Möller e Vogts, in realtà ero contento solo per loro tre! Specialmente per Bierhoff, che nessuno prima aveva preso in considerazione. L'allenatore Vogts riuscì finalmente, dopo il 1990, a dimostrare il suo vero valore uscendo dall' ombra del suo predecessore e riuscì così a scrivere la storia della Germania con questo titolo. Anche se provavo maggiore ammirazione per questo trio, questo non significa che non augurassi il titolo agli altri!

L' Italia si qualificò nell' ultima partita al San Paolo di Napoli contro l'Ucraina, il biglietto per il Mondiale 98 in Francia. Mio padre, che in quel periodo si era regalato una mini vacanza in Italia per restaurare la casa in Puglia, andò a vedere la partita allo stadio. Francia 98 era la prossima grande speranza per la realizzazione del mio grande sogno. Sacchi venne sostituito dal padre di Paolo Maldini, cioè Cesare Maldini, il quale, come suo figlio anni dopo, aveva vinto tanti titoli con il Milan nel ruolo di difensore, ad es. La Coppa dei Campioni nel 1962/63 con Rivera e Trapattoni. Egli decise così di assumersi questa grande responsabilità e di allenare gli Azzurri. Come negli anni precedenti c'erano le speranze giuste per poter vincere il Mondiale. Il giovane Cannavaro del Parma e Nesta della Lazio vennero chiamati per rafforzare il reparto difensivo. Moriero dell'Inter e Di Biagio della Roma avevano il compito di riempire di idee e di forza il centrocampo. All' attacco c'era poi il grande ritorno di un giocatore che aveva ancora un conto in sospeso col Brasile, con i tifosi italiani e con la propria coscienza: Roberto Baggio, il quale aveva il compito di riportare gli Azzurri di nuovo lì, dove era già riuscito una volta nell'impresa. Altri due motivi perché questa volta potesse andarci bene erano due giovani attaccanti, Christian Vieri ed Alessandro Del Piero, i nuovi porta speranze dell'Italia. Io ed il mio amico Rado, poco prima dell'inizio del Mondiale, eravamo ancora indecisi dove andare a vedere le partite, potevamo scegliere tra più locali: l'Hollyworld cinema a Königsbrunn o il The Post, un pub messicano vs irlandese in centro città, la terza alternativa era il bar Pele, anch'esso in centro. Ognuno dei tre locali era adatto per l'atmosfera calcistica e per questo motivo negli intervalli ci spostavamo da un locale all'altro. Ovviamente avevo preso di nuovo ferie, come nelle ultime edizioni dei Mondiali e degli Europei, per potermi preparare moralmente e mentalmente al meglio per le partite.

L' 11 giugno 98 ebbe inizio l'avventura degli Azzurri in questo Mondiale a Bordeaux contro il Cile. Fu Vieri, dopo solo dieci minuti e con un contropiede rapido, a far esultare i tifosi italiani in netta minoranza sugli spalti. Ma chi aveva pensato che questa partita sarebbe stata una passeggiata con una ricca goleada, venne subito riportato alla realtà. Il Cile, con campioni come Zamorano, Salas e Acuna, non voleva perdere assolutamente il primo incontro ad un Mondiale dopo l'82. La squadra cilena più volte creava azioni pericolose per gli Azzurri finché al 45' raggiunse il pari meritatamente. Gli Azzurri avevano pensato di potersi riposare dopo il vantaggio rapido ottenuto, di risparmiare energie per un eventuale Mondiale lungo. Sembrava non avessero intenzione di fare un secondo, magari un terzo goal! Di Roberto Baggio nel primo tempo non c'era traccia! All' inizio del secondo tempo al 49' l'attaccante cileno Salas portò il Cile in vantaggio e così tutti gli italiani stavano già immaginando il classico passo falso alla prima partita degli Azzurri…

«Che inizio spettacolare!»

…stavamo pensando, con ansia e paura stavamo contando i minuti ed i secondi che mancavano per la fine della partita.

Finalmente l'Italia aveva iniziato nuovamente a fare pressing. Nel frattempo era entrato anche Pippo Inzaghi, all' epoca ancora un attaccante della Juve. Per Christian Vieri questo Mondiale sarebbe iniziato come erano terminati gli ultimi tornei, cioè con una delusione? Ma per fortuna c'era Roberto Baggio nelle file dell'Italia, l'uomo degli ultimi minuti, infatti all' 84', ricevuto un fallo di Fuentes, procurò un rigore trasformandolo in pareggio per 2-2. L' uomo, che nell' ultimo Mondiale aveva tirato l'ultimo rigore al cielo americano, aveva trovato il coraggio di caricarsi della responsabilità di tirare nuovamente il rigore e di rimettere in carreggiata gli Azzurri. Dopo il pareggio Albertini stava quasi per segnare il goal della vittoria, ma non ci riuscì per un soffio. Dopo la prima partita l'Italia non sembrava essere una pretendente al titolo, ma, a differenza di 4 anni prima contro l'Irlanda, aveva avuto la forza di volontà di non perdere la prima partita del Mondiale. Inoltre anche il Cile non aveva giocatori da quattro soldi nelle proprie file, infatti non pochi giocatori sudamericani erano sotto contratto con i più grandi Club europei. Dopo questa partita inaugurale l'Italia riuscì a vincere tranquillamente contro il Camerun per 3-0 e contro l'Austria per 2-1 classificandosi prima nel girone, mentre al secondo posto c'era il Cile, come ci si aspettava. Con il raggiungimento degli ottavi avevano avuto inizio di nuovo le speculazioni ed i calcoli. Gli Azzurri dovevano incontrare per prima la Norvegia, che si era qualificata alle spalle del Brasile a spese del Marocco. I brasiliani invece, già sicuri del primo posto prima dell'ultima partita, non hanno dato proprio il massimo. Con un'eventuale vittoria del Brasile contro la Norvegia ci si doveva scontrare contro la padrona di casa, la favorita del Mondiale 98, cioè la Francia. Semifinale contro la Germania ed in finale di nuovo il Brasile? O questa volta forse l'Olanda, l'Inghilterra o l'Argentina? Allora avrei preferito il Brasile! Era improbabile che i brasiliani, campioni del mondo avrebbero fallito prima della finale. Se avessimo dovuto superare quel percorso, sicuramente avremmo vinto il Mondiale! Vieri aveva segnato 4 volte prima degli ottavi e fu sempre lui con il suo quinto goal al 18' a decidere le sorti dei norvegesi.

Adesso era il mondo intero a guardare verso lo "Stade Felix-Bollaert" davanti a 41.275 spettatori dove sarebbe stato proclamato l'avversario degli Azzurri nella partita Francia contro Paraguay. Chilavert, il famoso portiere dei giocatori latini insieme ad Ayala, Benitez e Cardozo avevano raggiunto il secondo posto nel girone e stavano lottando con tutte le loro forze contro la sconfitta negli ottavi. Sembrava che questa partita non dovesse avere un vincitore nei tempi regolamentari e neanche in quelli supplementari, ma a sei minuti dalla fine del secondo tempo supplementare fu il difensore francese Blanc a non far esultare di certo me e tanti altri italiani, così senza grandi difficoltà i francesi avevano raggiunto gli ottavi di finale. Le vittorie nette contro il Sud Africa per 3-0, contro l'Arabia Saudita per 4-0 e contro la Danimarca per 2-1 avevano portato fino agli ottavi i francesi, soprannominati i "Bleus". Il "The Post" in quel pomeriggio era strapieno di tifosi, già ore prima dell'incontro io e Rado avevamo preso posto davanti allo schermo. Non volevamo arrivare tardi e poi doverci accontentare di un qualsiasi posto. Stavamo seguendo il prepartita nervosi e molto tesi, non importava chi fosse l'avversario, per noi contava solo la vittoria. Ovviamente eravamo consapevoli della forza dei francesi, ma era l'unica possibilità di tenere vivo il sogno del titolo e noi speravamo tanto che quell' anno avremmo vinto. Anche la Francia però si sentiva obbligata a vincere davanti al proprio pubblico allo Stade de France. La partita finì 0-0 e nonostante fosse la Francia a dettare legge in campo, riuscimmo a mantenere il pareggio poiché avevamo rischiato di essere tranquillamente in svantaggio di tre o quattro goal. I Francesi erano messi bene in qualsiasi ruolo: Barthez del Marsiglia, campione d'Europa 92/93, in porta, mentre in difesa c'erano Thuram, Lizarazu, Desailly e Blanc. Il centro-campo era composto da Deschamps, Karembeu, Petit e nuovamente in campo Zidane dopo la squalifica contro l'Arabia Saudita per comportamento antisportivo. In attacco c'erano invece Guivarch e Djorkaeff. A dire la verità avevo una paura della Madonna di questi francesi! I francesi per vincere in casa loro non avevano bisogno di un grande miracolo! Cesare Maldini mise in campo il meglio che il calcio italiano avesse a disposizione in quel periodo, solo che in quel pomeriggio non fu sufficiente. I francesi erano molto motivati, gli italiani erano diventati già una volta Campioni del Mondo in Francia nel 1938 ed una seconda vittoria italiana in Terra francese non era vista di buon occhio. Inoltre i francesi avevano la squadra del secolo ed erano letteralmente affamati di gloria per il loro primo Mondiale. Anche questa partita andò per le lunghe e nuovamente i Bleus dovettero affrontare i tempi supplementari. Bergomi, Cannavaro, Nesta e Maldini non avevano permesso goal francesi nei tempi regolamentari. Pessotto, centrocampista difensivo, veniva sostituito al 90' da Di Livio, che si dimostrò positivo per il gioco offensivo italiano. Albertini entrò già mezz'ora prima di Dino Baggio. Roberto Baggio subentrò anche ad un totalmente assente Del Piero. L' Italia ebbe più occasioni da rete nei supplementari che nei primi novanta minuti della partita. Perché Cesare aveva scelto, come il suo predecessore Sacchi, questa tattica da fifoni? Avevamo le carte in regola per poterci giocare tutto in attacco ed allo scadere dei supplementari capitò sui piedi di Roberto Baggio un'occasione d' oro, un tiro che Barthez mai e poi mai avrebbe parato, ma che per fortuna loro sfiorò il palo alla destra di Barthez per un pelo. Quando l'arbitro il signor Hugh Dallas dichiarò la fine dei tempi supplementari era ufficiale…

l'Italia per la terza volta consecutiva ai calci di rigore. Italia 90... perso! USA 94... perso! Francia 98...?

...Non potevo immaginare una terza sconfitta ai rigori! Come 4 anni prima, tenevo stretto il mio tricolore vicino al petto con le mani super sudate. Iniziò così il dramma: Roberto Baggio si presentò per primo sul dischetto per pareggiare l'uno a zero di Zidane. Proprio lui, che 4 anni prima aveva sbagliato quel maledetto rigore decisivo contro il Brasile! Sicuramente non ce l'avrebbe fatta a sopportare un'altra volta tutta la pressione di battere il rigore per ultimo e quando Lizarazu si fece parare il rigore da Pagliuca, ad Albertini si presentò l'occasione di proseguire positivamente con questi rigori. Barthez impedì invece di trionfare alla fortuna italiana! Tutti gli altri tiratori andarono a segno: Trezeguet e Petit per la Francia, Costacurta e Vieri per gli Azzurri. Blanc portò il risultato di 4-3 per la Francia, ora era Di Biagio a presentarsi sul dischetto per pareggiare i conti con la Francia e doveva segnare a tutti i costi se non voleva vedere la Francia in semifinale in quel Mondiale. Egli voleva superare Barthez senza rincorsa, quasi da fermo e quando gli veniva chiesto, tanto tempo dopo, cosa aveva provato in quei secondi dopo il rigore, lui rispondeva sempre che era un dolore insopportabile, pensieri che lo svegliavano la notte e che lo accompagnavano sempre. Di Biagio colpì la traversa in pieno e si accasciò al suolo come una candela al vento. Sicuramente stava pensando le stesse cose che aveva pensato Baggio 4 anni prima. Subito dopo l'ultimo rigore raccolsi le mie cose e me ne andai di corsa dal pub, avrei potuto bestemmiare al cielo, strappare alberi, ammazzare qualcuno, ma non feci nessuna di queste cose. Rado ed io restammo seduti lì per terra per minuti interi, senza dire una sola parola, avevamo perso nuovamente alla lotteria dei calci di rigore. Maldini e Baggio non avrebbero avuto più la possibilità di alzare al cielo la Coppa del Mondo! Ma diamine, dov' era questa dea bendata? Quante volte l'avevamo evocata in questi anni! Non capivamo più come girava il mondo! A Rado toccava ancora lavorare quella sera, ma quando il suo capo lo vide con gli occhi piene di lacrime e lo stato d'animo distrutto, decise di dargli la serata libera. Quel ragazzo era completamente fuori, ci mettemmo a girare in macchina per ore senza una vera meta per le strade di Augsburg. Diversamente da 4 anni prima l'Italia aveva giocato realmente un bel calcio, se solo Cesare Maldini avesse osato un po' di più nei quarti ed avesse optato per una tattica più offensiva, forse non saremmo arrivati ai rigori. Forse avremmo perso nei tempi regolamentari o forse i rigori sarebbero andati diversamente. Alla fine non si può sapere come sarebbe finita ed in fin dei conti non si può dare tutta la colpa al Mister per l'eliminazione. Come già detto più volte, preferisco prendere tre o quattro reti e perdere in campo, almeno lì sai che hai meritato di perdere, che venir sconfitto così crudelmente ai rigori. L' Italia comunque si trovava in ottima compagnia, non solo i miei ragazzi, ma anche l'Argentina venne eliminata negli ottavi in una partita storica dalla squadra inglese di Shearer, Beckham e Owen. Indimenticabile per me resta il goal di Owen e l'espulsione di Beckham! Neanche la squadra tedesca riuscì a convincere completamente in quanto il suo gioco fu molto diverso rispetto a quello di due anni prima agli Europei in Inghilterra. Avevano superato il girone più o meno tranquillamente (Jugoslavia 2-2, Iran 2-0, USA 2-0), mentre invece contro il Messico ebbero una fortuna pazzesca, poi con la Croazia sono terminati i sogni tedeschi. Dopo che Wörns venne espulso al 40' la difesa tedesca iniziò a fare acqua e di questo ne approfittarono Jarni, Vlaovic e Suker con tre perle contro i tedeschi.

Olanda, Kluivert e Taffarel

Povera Olanda! Come già 4 anni prima l'Olanda perse di nuovo ai rigori contro il Brasile. La rivincita non aveva funzionato! Kluivert avrebbe potuto, anzi dovuto fare una dozzina di goal ai brasiliani, invece alla fine si dovette accontentare solo del meritatissimo pareggio all' 87'. Ma l'eroe della serata non fu né Kluivert, né Ronaldo o Rivaldo. Ai calci di rigore fu il brasiliano Taffarell, con due tiri parati a Cocu e R. de Boer, a far piangere lacrime di gioia all'allenatore Zagallo. Il Brasile era nuovamente in finale come 4 anni prima, solo che in questo Mondiale, a differenza degli altri, il Brasile non giocò un calcio stratosferico.

Thuram

Nessun Zidane, nessun Djorkaeff, nessun Henry! No, fu proprio Thuram davanti a 70.000 francesi a far girare bene la partita con due splendidi goal, dopo che la Croazia era andata in vantaggio con Suker, portando così i "Bleus" in finale allo "Stade de France" a Parigi.

Croazia contro Olanda

La Croazia sarebbe potuta tornare a casa a testa alta. In un'emozionante partita per il 3° posto, due squadre che avevano giocato un grande campionato del mondo si sono salutate. Alla fine, ad entrambe le squadre è mancata solo un po' di fortuna per arrivare in finale. Prosinecki salutò la nazionale con un goal finale per 1-0, e Davor Suker si incoronò capocannoniere con una vittoria per 2-1, con sei goal segnati nel torneo. Le auto dei croati che suonavano il clacson nel centro di Augusta si sentivano ancora nel cuore della notte. Ebbene, la partecipazione del Brasile alle finali di un mondiale di calcio è stata per loro quasi un must. Dopo il 1958 contro la Svezia ospitante (5-2), il 1962 in Cile contro il CSFR (3-1), il 1970 in Messico contro l'Italia (4-1) e il 1994 negli USA, sempre contro l'Italia (dopo un rigore 3-2), i brasiliani puntavano ora alla quinta vittoria del titolo, nella quinta finale. Ma con il vantaggio di giocare in casa e una squadra francese molto forte, è stata la sfida più dura che il Brasile abbia mai affrontato. La squadra francese era per me la favorita. Non avevano mai potuto indossare la corona della Coppa del Mondo. La storia di Michel Platini e del suo calcio di rigore perso contro la Germania nel 1982 in semifinale (dove era già in testa per 3-1 nei tempi regolari), o anche contro il Brasile in Messico nel 1986, rimarrà probabilmente indimenticabile. I francesi erano giustamente in quella finale ed ero sicuro che avrebbero giocato per la loro vita, nel loro stadio, davanti al loro pubblico di casa e persino contro i campioni del mondo dei record in carica. Non avrebbero mai più avuto una tale possibilità. Dovevano solo usare questo vantaggio di giocare in casa. Nel 1990 e nel 1994 non avevano nemmeno superato i turni di qualificazione, e avevano dovuto assistere ai Campionati del Mondo nel 1990 nella vicina Italia e nel 1994 negli Stati Uniti. Anche alle finali del Campionato Europeo in Svezia e in Inghilterra hanno dato risultati molto scarsi. Così ora erano in finale e volevano ripagare i debiti verso tutti i loro fan per tutti gli anni precedenti piuttosto magri.

Zizou

Il Brasile si presentò completamente fuori dagli schemi! Dopo il cosiddetto Caso Ronaldo, il quale   pare abbia avuto un forte attacco nervoso, secondo i giornalisti nella selezione verdeoro i nervi erano a fior di pelle. Questa situazione era un vantaggio reale per i francesi! Zidane, che con la Juve aveva perso le ultime due Champions League, questa sera del 12 giugno del 1998 si rese immortale! Sicuramente nei prossimi anni verranno chiamate col suo nome in suo onore scuole, strade e qualche edificio. Minuto ventisette: calcio d´angolo per la Francia, Zidane va ancora trovato la strada per entrare dentro la partita. Ronaldo totalmente assente! Al 90' fu Petit a sigillare la vittoria con il goal del 3-0. La Francia era diventata Campione del Mondo per la prima volta ed io stavo esultando come un matto per la sconfitta dei brasiliani insieme al padre di Cristina. Avevamo visto la finale insieme, totalmente rilassati. Anche lui era tra quelli che avevano puntato sulla vittoria dei brasiliani, ma sinceramente 5 titoli mondiali per i verdeoro sarebbero stati davvero esagerati. Quando iniziò la premiazione i miei pensieri erano tutti per i vari Roberto,

Paolo, Christian ed Alessandro. Un giorno... si, un giorno toccherà anche a noi! Diamine, perché il Mondiale non poteva essere ogni due anni!

Il mio sogno doveva continuare! Molti lettori adesso possono pensare che dieci anni non siano tanto tempo. Può essere! Ma se arrivi sempre così vicino e poi vieni sconfitto così drammaticamente ai calci di rigore, fa ancora più male! Nel 1998 eravamo già fuori ai quarti di finale. Tutto diverso nel 1990 e 1994. Cosa sarebbe successo se avessimo vinto la lotteria dei rigori contro la Francia? Avremmo mandato a casa i super favoriti padroni di casa, avremmo incontrato la Croazia in semifinale e ci saremmo scontrati in finale con un Brasile in condizioni disastrose! Forse avremmo potuto dire la nostra con entrambe le squadre anche perché con il Brasile avevamo un conto in sospeso. Gli Europei 2000 di Belgio e Olanda furono un capitolo a sé. Dei Mondiali in Giappone ed in Corea non voglio sprecare tante parole perché furono i Mondiali che crearono meno entusiasmo di tutti, a differenza di Italia '90, USA '94 e Francia '98. Anche se gli organizzatori avevano dato il massimo per creare un evento superlativo e pur avendo gli stadi di ultima generazione, l'onda dell'entusiasmo non arrivò a dovere in Europa. In più le partite venivano trasmesse in degli orari assurdi, senza le ferie infatti non avrei potuto seguire questo Mondiale. Svegliarsi alle 6 del mattino per non perdere una sola partita non era facile, soprattutto per me che, appena sveglio, non sono del tutto in forma. Le partite dell'Italia in un grande torneo per me comportavano grande stress emotivo, per questo motivo era difficile per me ingranare subito a 1000! Nonostante tutto non mi sono perso nessuna partita, ogni mattina, dopo aver programmato il videoregistratore, mi incontravo con gli amici al bar Pelè. Anche gli altri bar, pub e cafè erano già pieri di persone a quella ora mattutina anche perché non tutte le partite venivano trasmesse dalla rete pubblica in quanto Premiere, la

Pay TV dell'epoca aveva comprato i diritti di questo Mondiale.

L´Italia era un'altra volta in lizza insieme alla Francia, Campione d´Europa e del mondo, al Brasile, all' Argentina ed alla Germania, una delle favorite al titolo mondiale. Solo la Selecao Brasiliana riuscì tra le favorite ad arrivare in finale. La Francia venne clamorosamente eliminata già nel girone qualificatorio con un solo punto e nessun goal segnato classificandosi per ultima. Non servì a nulla avere nelle proprie file i capocannonieri dei vari campionati europei, da quello francese a quello italiano passando per l'Inghilterra cioè Cisse, Trezeguet ed Henry. Come era già successo ad altre squadre, un po' di arroganza e superficialità si era impadronita della testa dei Bleus. Anche l´Argentina doveva abbandonare già al girone qualificatorio arrivando solo terza con 4 punti, perdendo la rivincita di Francia'98 control ´Inghilterra per 1-0 e lasciando qualificare a sorpresa la Svezia, prima in classifica e l´Inghilterra seconda. Dino Zoff, il commissario tecnico degli Azzurri, si dimise dopo un attacco mediatico poco opportuno di Silvio Berlusconi per la sconfitta sfortunata nella finale dell'Europeo 2000, ma di questo parlerò di più dopo. Giovanni Trapattoni prese il suo posto, molti avevano quasi obbligato il Mister, forte di tante vittorie in squadre di club come Juve, Inter, Bayern Monaco, a sedersi sulla panchina della Nazionale italiana. Anche lui, come tanti predecessori, era un amante del calcio difensivo. Maledetto catenaccio! E´ colpa degli antichi romani, per capire basta leggere "Calcio, gli Italiani ed il loro Calcio" di Birgit Schönau! Questa volta non fu colpa della tattica o dei calci di rigori, neanche di fortuna o sfortuna, questa volta fu la terna arbitrale a condannarci all' eliminazione. Nella prima partita contro l´Ecuador tutto andò bene, ma già nella seconda partita contro la Croazia gli Azzurri vennero presi fortemente di mira dagli arbitri. L'inglese Graham Pool annullò ingiustamente due goal regolari di Christian Vieri, in più le azioni offensive degli Azzurri venivano fermate per dei fuorigioco inesistenti in quanto guardando il replay ci si poteva rendere conto degli errori arbitrali. Così ci trovammo un'altra volta a dover vincere l'ultima partita col Messico, ma con tanta fortuna ed un pizzico di giustizia divina ci bastò un 1-1 perché la Croazia perse a sorpresa con l'Ecuador per 1-0 e ci qualificammo secondi nel girone con 4 punti ed agli ottavi c'erano ad aspettarci i coreani del Sud, i padroni di casa. La partita si rivelò una grande truffa ai nostri danni, uno schifo totale, perché la Uefa non fece nessun tipo di indagine su tutti gli errori arbitrali commessi. Se non avessero annullato arbitrariamente i goal di Vieri, egli si sarebbe trovato capocannoniere, dopo solo 3 partite, con sei goal in attivo, come Ronaldo a fine torneo e come Davor Suker nel Mondiale precedente. I coreani stranamente arrivarono primi nel proprio girone a spese degli americani. Forse sarebbe stato più facile per noi incontrare gli Usa, ma che dico facile!

I coreani vennero letteralmente portati in braccia in Semifinale del Mondiale. Il 18 giugno 2002 c'erano Corea e Italia a scontrarsi nel World Cup Stadium di Daejeon. Nella prepartita in televisione si vedevano migliaia di tifosi Rossi per le strade, un' invasione di Rossi, la cui presenza veniva confermata dalle immagini televisive, molti di questi cosiddetti tifosi non avevano sicuramente alcuna cognizione di calcio, erano i cosiddetti tifosi occasionali, quelli che dopo il torneo svaniscono poi nel nulla, quelli senza nessun legame serio con calcio, che, alle prime immagini televisive dei propri beniamini, iniziavano a svalvolare come se fossero i Backstreet Boys o qualsiasi altra Star mondiale. Non si vedeva più nessuno spazio vuoto sulle strade, tutto rosso, tutti radunati davanti ai maxischermi sparsi ovunque. Io continuavo a chiedermi da quando i coreani fossero così entusiasti del calcio, anche se devo ammettere che non seguo il calcio asiatico e per questo non posso sapere quanto realmente possano amare il calcio. Dentro lo stadio c'era uno scenario simile, solo che gli attori principali non erano Totti, Del Piero, Vieri, ma un solo uomo fu al centro dell'attenzione quella sera, il signor Byron Moreno dell'Ecuador. Era proprio necessario assegnare una partita così delicata ad un arbitro di seconda fascia? L´Italia aveva battuto proprio l´Ecuador nel girone qualificatorio per 2-0 inoltre c'è da dire che in Sud America viene giocato un calcio differente rispetto all' Europa. Per me la Fifa aveva lavorato molto male e poco professionalmente, l´espulsione di Totti per doppia ammonizione da parte del signor Moreno fu fischiata da parte della tifoseria italiana. Totti stava andando da solo verso la porta coreana quando fu falciato da dietro dal difensore coreano e fu cartellino giallo per Totti, un paio di minuti più tardi chiarissimo fallo da rigore subito da Francesco Totti ed il signor Moreno, invece di dare a noi il rigore sacrosanto, espulse Totti per simulazione. Le immagini televisive parlavano chiaramente a favore dell´ Italia e, come se non bastasse, molte altre posizioni regolari da goal dell'Italia venivano interrotte per ipotetiche posizioni di fuorigioco. Tanti falli cattivi dei coreani invece non venivano presi proprio in considerazione dal signor Moreno, anche il Golden Goal regolare di Tommasi fu annullato ingiusta- mente. Tutti questi episodi contribuirono alla eliminazione degli Azzurri. In questi ottavi di finale del Mondiale 2002 non furono i rigori ad eliminarci, bensì un arbitraggio scandaloso! Il piccolo bar Pele era pieno di tedeschi che stavano esultando gioiosamente per l´eliminazione dell'Italia. Rado, Pino, mio nipote ed io eravamo totalmente shoccati. Un mangiapatate stava offrendo in tutta allegria liquori agli altri mangiapatate per brindare alla faccia nostra. Io, che stavo lottando già con le lacrime, ero completamente distrutto e lì mi scappò uno "stronzo" dalle labbra, la mia valvola di sfogo in quel momento! Saltai come una tarantola dalla sedia in legno antico, corsi verso quel maiale e, prima che riuscissi a spaccargli una sedia in testa, Pino e Rado mi travolsero fermandomi. Era totalmente ubriaco e tutti i crucchi mi guardavano con uno sguardo truce. Con un'aria minacciosa io iniziai a gridare verso loro...

...Mi liberai dalla presa dei miei amici e me ne andai dal bar. Ci venne tolto un'altra volta il gusto del trionfo, ma questa volta non era colpa nostra, no, questa volta era veramente colpa degli arbitri e le ingiustizie dovevano continuare nei quarti contro la Spagna. Le decisioni arbitrali stavano contribuendo alla eliminazione degli iberici, vennero annullati loro infatti due goal regolarissimi nel tempo regolamentare. Era chiaro che l´arbitro egiziano Gamal Ghandour non fosse per niente adatto a dirigere una partita di un Mondiale, bensì avrebbe potuto dirigere solo una partita in un campo africano di patate. Questa partita venne condotta molto tatticamente e difensivamente, visto che gli spagnoli avevano preso spunto dalla partita dell'Italia. Alla fine la Corea del Sud riuscì a passare in semifinale con i calci di rigore, dove finalmente avrebbe incontrato i loro maestri, cioè la Germania! "Che Dio sia lodato" pensai! La Germania, che si ritrovò in semifinale senza dover affrontare veri ostacoli, ancora gasata dall' 8-0 rifilato all' Arabia Saudita, vinse la partita per 1-0 senza neanche soffrire tanto grazie alla rete di Michael Ballack. Per fortuna questa semifinale venne finalmente arbitrata da un arbitro di fama mondiale, lo svizzero Urs Meier. Così la Germania si ritrovò nella finale del Mondiale contro il Brasile senza dover rinunciare a un piccolo furto arbitrale: Ballack ricevette ingiustamente la seconda ammonizione del Mondiale e saltò così la finalissima. Tempo dopo l'arbitro Urs Meier dichiarò che diede quella ammonizione per rifarsi su un fallo non punito, ammonendo così il giocatore coinvolto. Per questo motivo toccò a Ballack godersi la "giustizia divina" elargita dal signor Urs Meier. Che gran fregatura! L'arbitro fa un errore ed un giocatore innocente deve pagarne le conseguenze.

Fu un Mondiale catastrofico! Francia, Argentina e Portogallo eliminati già nel girone qualificatorio. Italia e Spagna derubate dagli arbitri, l´Olanda neanche qualificata. Il Brasile e la Germania, quasi come fosse una passeggiata, arrivarono in finale senza sforzi. Turchia ed Usa furono invece una piacevole sorpresa, giocarono un bel calcio fresco e frizzante, mentre i brasiliani dimostrarono un calcio mediocre.

La piazza centrale di Augsburg in quel pomeriggio della finalissima era strapiena, come mai vista prima! Migliaia di persone si radunarono davanti al maxischermo al Rathausplatz. Molti tifosi, per mancanza di posti, salirono sulle transenne o sui tetti degli edifici circostanti per seguire la partita. Fu così che anche noi, i soliti ignoti, Rado, Gordan ed io ci mettemmo a seguire la finale in piazza. Ovviamente per noi era inevitabile augurare ai tedeschi di non vincere il quarto Mondiale, così l´Italia sarebbe passata al terzo posto nella classifica dei Mondiali vinti. In più avevo ancora davanti agli occhi la gioia dei tifosi tedeschi per l'eliminazione dell'Italia negli ottavi e fu così che quel giorno indossai, l'unica volta nella mia vita, una maglia dell' Inter con il numero dieci di Ronaldo, mentre sotto indossavo la maglia dell' Italia e come bandana una bandiera dell' Inter di mio padre. Gordan, anche lui era travestito niente male, indossava un sombrero messicano e la maglia del Brasile e suonava il tamburo a ritmo di
«BRAZIL...BRAZIL...BRAZIL...»

Eravamo in ottima compagnia un piccolo gruppo di cosiddetti "brasiliani" in realtà composto da italiani, croati, turchi e qualche brasiliano vero stavamo a festeggiare da matti la vittoria finale del Brasile per 2-0, come se fosse stata la propria nazione ad aver vinto il Mondiale. I tedeschi invece fecero la figura dei perdenti. Dopo la partita andammo tutti uniti verso la fontana di Ercole al centro della Maximilianstrasse per festeggiare. Una vera festa pazzesca a ritmo di samba, con i DJ di Radio Fantasy a mettere musica a palla, stavamo festeggiando la fine del Mondiale più scarso di tutti i tempi! Ci ritrovammo così dentro la fontana a schizzarci con l'acqua ed a cantare le canzoni di calcio. Quando misero dopo un paio di ore la canzone di Dario G. –*CAMPIONE*-, come colpito da un fulmine, mi svegliai dall' incubo di questo Mondiale pensando che questo doveva essere il nostro Mondiale. Alla fine non avevamo niente in mano, dovevamo aspettare 4 anni per il prossimo grande sogno. Così presi la copia di cartone della Coppa del Mondo, che non avevo inizialmente voglia di tirar fuori, mi tolsi la maglia dell'Inter perché io sono milanista e salii sulle spalle di Leo. Quando arrivò la parte clou della canzone "Campione" mi guardai in giro dimenticandomi completamente che sotto avevo la maglia dell'Italia, alzai la coppa al cielo e mi resi conto di quanti italiani mi stavano guardando, tutti radunati dentro e fuori la fontana per festeggiare la sconfitta dei tedeschi. Lì iniziai ad avere un po' di paura, quanto tempo ancora ci sarebbe toccato aspettare? Oh mio Dio, una sola volta per favore...dopo potrei anche morire, avrei raggiunto tutto ciò che si può raggiungere! Avevamo una squadra che avrebbe potuto battere qualsiasi altra nazione! Buffon, Del Piero, Gattuso, Vieri, Panucci, Maldini, Nesta, Totti, Di Livio, Zambrotta, Di Biagio, Montella e Inzaghi, tutti giocatori che avevano la giusta maturazione per vincere un titolo importante. Come l'avrei voluto anche per Maldini, che dopo il 1998 ce l'aveva fatta realmente a partecipare al suo quarto Mondiale. Maldini, la faccia che ti viene in mente per prima quando si pensa al Milan. Con lui ebbe inizio tutto! Era uno tra quelli che non avrebbero più partecipato al campionato tedesco. Trapattoni ovviamente venne attaccato dai Media che criticavano il suo modo di giocare troppo difensivista. Si era creata comunque la convinzione che in questo Mondiale c'era troppa puzza di truffa tra gli arbitri. Ciò che ci era rimasto era di prenderci una rivincita subito al prossimo Europeo nel 2004 in Portogallo, anche perché avevamo perso solo una battaglia e non la guerra!

I pensieri dell'Italia forse erano già indirizzati verso Porto-gallo 2004, ma io con i miei pensieri ero già oltre, ero a Germania 2006. Avevo la consapevolezza che lì il cerchio si sarebbe chiuso e che il mio sogno si sarebbe realizzato. Ed ogni volta mi veniva da ridere…

«In Germania... no Michele, non succederà, non con la sete di vittorie dei tedeschi. Solo andare lontano e festeggiare un po'»

…e con questi miei ultimi pensieri sapevo di mentire a me stesso. Negli ultimi anni avevo imparato che nessun pensiero, nessun sogno e nessun desiderio può essere grande abbastanza. Mai e poi mai mi accontenterei di quello che posso trovare in un piatto di brodaglia. Al diavolo le persone che si accontentano di poco! La mia vita era fatta di emozioni estreme e di situazioni, che io non avrei neanche osato immaginare. Situazioni che hanno avuto luogo specialmente dopo il 2003.Cosa mi hanno insegnato questi avvenimenti? Che…

«Le emozioni sono l'inizio di ogni cosa, da loro hanno origine quei sogni che diventano obiettivi da raggiungere lasciando che siano i fatti a parlare»

...La mia vita ed i miei obiettivi raggiunti mi confermavano al 100% tutto ciò. Nel 2006 contava una sola cosa per me: il titolo! Non desideravo nient'altro che la vittoria finale! Quel mese divenne il più significativo della mia vita. Se mi avessero offerto di dare 10 anni della mia vita per un Mondiale non avrei sprecato un solo secondo per accettare, ma come già detto poco fa, quello chi mi sarebbe accaduto a partire dal 2003, anche il Milan, ha segnato la mia vita per sempre. Mai avrei osato sognarlo! Avrei perso tutto, ma alla fine dei conti era solo il cammino verso il paradiso! Il bello doveva ancora arrivare! Oggi sono orgoglioso di ogni mia profonda caduta, perché poi mi sono rialzato sempre più forte!

Grande Juve!

Con il passare degli ultimi anni molte volte mi sono chiesto se, dopo le tre finali consecutive dal 1996 al 1998 della Juventus in Champions League, non avrei tradito la mia Squadra, il Milan! Non posso negare che ho supportato i Bianconeri, ho anche festeggiato, pregato e sperato con i Bianconeri. Ho anche investito tanti soldi per la mia situazione economica dell'epoca, ho acquistato le maglie e seguito le partite dei Bianconeri. Sì, è proprio vero! Mi ero affezionato ai Piemontesi! Cosa c'era di più bello, soprattutto per me, di fare parte delle notti di festa italiane soprattutto dopo le vittorie contro le squadre tedesche. Senza dubbio il Milan e la squadra Azzurra erano la mia vita, il mio Sangue e, senza esagerazione, la mia religione, ma per l'amore verso la madrepatria Italia per me era indispensabile tifare Inter, Juve, Parma o le squadre romane quando rappresentavano la mia Nazione nelle competizioni europee. Emotivamente era impossibile non tifare per queste squadre quando rappresentavano il Tricolore. Senza se e senza ma per me in Italia esistevano solo i Rossoneri anche se per me sarebbe stato un tradimento verso la patria sperare che   l'Inter o la Juve venissero eliminate prima del dovuto. Adesso sinceramente, cosa ho a che fare io con gli spagnoli, gli inglesi o i francesi? Esatto, niente, assolutamente niente! Per questo ancora oggi difendo il mio punto di vista anche se non mi sono fatto molti amici milanisti con il mio modo di pensare, ma l'amore verso l'Italia é immenso. Anche se dovesse giocare una piccola squadra siciliana di provincia contro Real Madrid, Man U., Bayern, se in campo venisse rappresentato il Tricolore italiano per me non c'è assolutamente dubbio per chi tifare. Per questo adesso posso raccontare senza scrupoli delle tre finali dei Bianconeri negli anni 90 senza sentirmi un traditore.

Per il Milan Atene 94 fu per molto tempo l´ultimo grande evento europeo. Nell' anno successivo i Rossoneri raggiun–sero un'altra volta la finale della Champions League che, come nel 1964, 1987 e 1990, venne disputata a Vienna, ma non riuscirono a difendere il titolo contro l'Aiax, giovane squadra olandese piena di giovani talenti. Già nel girone qualificatorio il Milan aveva perso due volte per 2-0, ma le sconfitte non accadevano per caso, ai Rossoneri mancava infatti quel pizzico di cattiveria in più, poi la squadra aveva già raggiunto l´apice del successo e, con un Dejan Savicevic fuori combattimento per infortunio, arrivò anche per loro il tempo di dover pensare ad un cambio generazionale. Servivano nuovi giovani talenti, assetati di gloria! Quello che doveva affrontare ora il Milan, i Bianconeri l´avevano già passato! Della Vincitrice della Coppa UEFA 1992/93 rimasero solo il portiere Angelo Peruzzi, Antonio Conte al centrocampo ed il simbolo sampdoriano, Gianluca Vialli, che nel 92 cambiò sponda e se ne andò alla Juventus. Dopo la vittoria del campionato 94/95 la squadra bianconera fu radicalmente cambiata. Roberto Baggio venne venduto al Milan ed a prendere il suo posto doveva essere un certo Alessandro Del Piero. Fabrizio Ravanelli e Michele Padovano avevano il

compito, insieme ai due campionissimi, di creare pericolo nell'
area avversaria. A dare nuova vita al centrocampo arrivarono
Vladimir Jugovic e Didier Deschamps. La Juventus voleva
mandare un segnale a tutti dei suoi futuri ambiziosi obiettivi
e siccome la Corona Europea aveva la priorità assoluta
acquistò giocatori del calibro di Jugovic e Deschamps, Vladi
della Stella Rossa di Belgrado e Didier del Marsiglia. Giocatori
come Paulo Sousa, Attilio Lombardo e Angelo di Livio erano
già affermati nel Calcio Italiano e per rafforzare il reparto
difensivo fu acquistato a Torino un altro pupillo del popolo
napoletano, cioè Ciro Ferrara che, insieme a Maradona,
Alemao e Careca, aveva fatto raggiungere la massima vetta
calcistica della Coppa Uefa al SSC Napoli contro lo Stoccarda.
Il suo compito adesso era quindi quello di far guadagnare altri
titoli europei alla squadra piemontese. Torricelli, Vierchowod
e Pessotto, chiamato il professore a causa dei suoi occhiali,
completarono la diga bianconera. A fianco dell'Ajax la Juve in
quel periodo era la squadra più forte d´Europa, se non proprio
del mondo! Un paio di cambiamenti però non erano proprio
necessari: giocatori come Stefan Reuter, Jürgen Kohler,
Andreas Möller, Pier Luigi Casiraghi, Roberto e Dino Baggio
dovevano far posto ai nuovi arrivi. Proprio questi giocatori
avevano dato un contributo non indifferente agli ultimi
successi raggiunti con la Coppa Uefa o il Campionato.
Esistevano problemi interni tra i giocatori e la società? Si
cercava con questa tattica di mercato di creare nuovi stimoli
per i giocatori affamati di nuove vittorie? Io non lo so, ma
questo calcolo degli addetti ai lavori poteva portare dei frutti.
La Juventus in questo nuovo campionato aveva un solo
obiettivo: la Champions League era il grande sogno! Dopo che
si erano lasciati un po' andare in campionato, potevano
tranquillamente prepararsi alla finale dei sogni contro l'Ajax.
In questo campionato 95/96 il Milan a livello nazionale era
troppo forte per tutti. A 4 settimane dal termine del campionato la Juventus stava già pregustando la finale già raggiunta

contro il campione in carica, l'Ajax. Già all'inizio della competizione molti esperti avevano previsto questa finalissima e durante il cammino le squadre non dovevano fallire. Era la finale dei sogni più per gli italiani che per gli olandesi e visto che essa veniva giocata a Roma la Juve avrebbe dovuto essere avvantaggiata poiché giocava in casa.

La Juventus durante tutta la Champions League mi aveva entusiasmato parecchio! Con il suo gioco allegro, offensivo e frizzante aveva già vinto l´anno prima la coppa Uefa e con lo stesso gioco erano arrivati tranquillamente anche alla finale di Champions League a Roma. Si notava subito l'impronta tattica di Marcello Lippi. Certo avrei preferito vedere il Milan in finale a Roma, comunque c'era una squadra italiana a contendersi la Corona Europea in finale ed in ogni caso se lo erano proprio meritato! Il giorno della finale decisi, dopo tante riflessioni, di comprare la maglia della Juve. Certo per me fu una dura lotta la decisione di comprarla perché mi sentivo come se tradissi il mio Milan! Così quel pomeriggio soleggiato andai ad Augsburg in centro, direzione reparto sportivo del negozio Karstadt per comprare la mia prima maglia non rossonera. A dir la verità provando quella maglia avevo una strana sensazione nel vedere su di me quei colori e quello stemma nello specchio della cabina di prova, ma i miei pensieri svanirono subito, poiché quello che contava in quel momento era il prossimo grande titolo in palio per il calcio italiano. Il Milan sicuramente mi avrebbe perdonato questo tradimento momentaneo anche perché con l´Ajax avevamo tre conti in sospeso (1971/72 Ajax vs Juve 1-0, 1972/73 Ajax vs Inter 2-0, 1994/95 Ajax vs Milan 1-0).

Come tante altre persone quel pomeriggio soleggiato mi sono gustato un buon gelato nella Annastrasse nella zona pedonale di Augsburg. Finalmente si poteva uscire vestiti più leggeri senza dover soffrire il freddo, ma quello che mi piaceva di più era che anche le ragazze si vestivano più leggere ed era una meraviglia poterle seguire con lo sguardo. Era inevitabile pensare quante volte quei corpi leggiadri venivano spogliati solo con gli sguardi! Quando quella sera entrai nel locale gastronomico dell'FCA molte persone, sapendo che sono un accanito fan del Milan, non volevano credere ai propri occhi vedendomi vestito in bianconero. Mi ricordo che in sotto-fondo sentii vari commenti come "traditore" o "venduto". Erano tutti volti più o meno conosciuti a criticarmi, tutti italiani più o meno amici o meglio conoscenti con i quali ero venuto a contatto tramite Zlatan a scuola. All'inizio mi era piaciuto far parte del loro gruppo, ma con il passare degli anni mi resi conto che molti di loro erano solo dei poveri "arrivisti", semplici buffoni che erano rimasti ancora adolescenti. Ahimè, devo ammettere che guardando indietro anch'io ero stato come loro, così come lo sono la maggior parte dei giovani a vent' anni anche ai giorni nostri. Quella sera era una di quelle dove tutti noi avevamo lo stesso obiettivo e lo stesso desiderio anche se i veri juventini erano molto più nervosi dei milanisti e dei pochi interisti. Io comunque ero molto teso! Eravamo in una sala non molto grande, nella sala che veniva di solito usata per le celebrazioni ed i raduni delle squadre di calcio. Le persiane erano già abbassate ed una grossa nuvola di fumo si stava facendo largo nella sala. Il divieto di fumo all' epoca non era ancora esistente, ma la cosa non ci disturbava e stavamo aspettando con ansia la partita. Quasi tutti, tranne qualche singolo, desideravamo che la Juve spazzasse via gli olandesi dal campo. Scrutavo gli sguardi dei miei amici e potevo solo immaginare cosa stavano pensando sapendo del mio fanatismo per il Milan, infatti mi guardavano increduli e non si capacitavano che stessi indossando una maglia della Juve. Ma che ne sapevano loro di me! Anche se con tanta difficoltà cercavo di ignorare i loro sguardi! Erano gli stessi sguardi che già una volta mi avevano rivolto, visto che io per loro ero solo un mezzo italiano, uno che non sa parlare bene neanche la madrelingua italiana. Non ero certo uno della loro figa comitiva! E che colpa avevo io di non essere cresciuto nella loro stessa zona e di non aver avuto la doppia nazionalità! Anche se la distanza tra Oberhausen e Baeren-keller era di solo 3 km, per loro questa distanza significava un mondo intero! Avevano dei pregiudizi verso di me, anche se sinceramente non riesco a fargliene una colpa in quanto, in tutta sincerità, quasi tutti abbiamo un po' di pregiudizi verso gli altri. Solo Sergio, il più grande juventino tra i presenti italiani, Michele de Paolo e Pino Jello non avevano nulla in contrario nei riguardi della mia fede verso l'Italia. Loro avevano capito qual' era il mio desiderio quella sera, non sarebbe durata molto e tutti i presenti si erano abituati alla mia passeggera passione juventina. Solo pochi minuti dopo il mio arrivo terminarono i servizi del prepartita ed il nervo-sismo si stava facendo strada tra i tifosi presenti. Sicuramente non era l'AC Milan ad affrontare quella sera gli olandesi comunque ero vicino con tutto il mio cuore a Gianluca Vialli, soprattutto auguravo proprio a lui di alzare al cielo la Coppa dei Campioni perché era la sua ultima partita per la Vecchia Signora. L'anno successivo lui avrebbe cambiato squadra per il Chelsea FC. Se avesse vinto la Coppa, sarebbe stato il saluto perfetto per lui! Comunque non era solo questo il motivo per cui auguravo alla Juve di vincere la seconda Coppa dei Campioni: dopo il Mondiale 94 perso ai rigori ed il fallimento del Milan nel difendere la Coppa dei Campioni questa vittoria a Roma sarebbe stato balsamo per le ferite del calcio italiano. Lo stadio Olimpico quella sera era del tutto esaurito: 50 mila italiani e quasi 18 mila olandesi stavano trasformando in bolgia lo stadio dove normalmente Lazio e Roma erano padroni di casa. Era la partita delle partite, dove ad affrontarsi c'erano le due squadre che nell' ultimo periodo stavano dominando il calcio europeo, due giganti per una degna finale. La Juve si stava preparando già da 4 settimane a questa finale ed anche gli olandesi, che avevano vinto con grande anticipo il proprio campionato, si erano preso un time cut di due settimane per prepararsi al meglio alla finalissima. Davanti a questo pubblico in netta superiorità italiana fu proprio la Juventus ad entrare prima in partita. La motivazione dei Bianconeri di vincere questa finale veniva sicuramente anche dalla loro storia: avevano vinto fino ad allora 23 campionati, ma una sola volta la Coppa dei Campioni, peraltro segnata dalla tragedia di Bruxelles. Era arrivata l'ora di vincere la seconda Coppa dei Campioni e di dare via libera a dei festeggiamenti indimenticabili. Il palco dell'Olimpico era l'assist perfetto per poter raggiungere l'obiettivo! Era una splendida serata primaverile, a poche settimane da Euro 96, a fare da cornice alla finalissima. Dopo solo qualche minuto il nervosismo tra i presenti si stava affievolendo e fu Moreno Torricelli, il giocatore che l'anno prima io e mio padre avevamo conosciuto nella partita d'addio di Klaus Augenthaler a Monaco tra la Juve e Bayern, ad aprire le danze con un tiro a distanza. Van der Saar non riuscì a bloccare la palla e Ravanelli mancò di poco la rete. Con un po' più di lucidità avrebbe potuto passare la palla a Paolo Sousa, che in quel momento era libero, ma solo 4 minuti dopo fu di nuovo un frizzantissimo Ravanelli a sfruttare una svincolata di F. de Boer. Con una piccola mossa superò van der Saar e da un'angolazione quasi impossibile, con un tiro non proprio velocissimo, mise la palla in rete. Si scatenò la prima ondata di esultanza! Sergio, che quella sera era contentissimo che io stessi tifando Juve, si fece strada tra tutte quelle persone esultanti per venire dall' altra parte della stanza per aggiungersi alla nostra comitiva dove c'erano anche Michel e Paolo. L'esultanza mi aveva alleggerito, soprattutto il mio stomaco sembrava essersi alleggerito di tonnellate! La Juve era andata meritatamente in vantaggio anche perché i torinesi negli ultimi due anni avevano incantato il mondo calcistico con il loro modo di giocare. Stavo augurando loro quella vittoria con tutto il cuore!

Fabrizio Ravanelli, dopo aver segnato, stava lì in mezzo al campo che sorrideva con tutta l'anima, correva urlando di gioia e nessuno riusciva a fermare la sua pazza corsa. L'euforia all' Olimpico era alle stelle, ma visto che mancavano quasi 80 minuti alla fine della partita si doveva porre fine ai festeggiamenti e concentrarsi sulla partita. Adesso però si poteva affrontare con più calma la restante partita anche se questa calma stava bloccando lentamente i juventini. L´Ajax stava diventando più forte con il passare dei minuti, più volte gli olandesi si stavano avvicinando pericolosamente verso la porta juventina. Il nervosismo si stava facendo strada fra tutti i tifosi italiani. Anche Pino, Michele e gli altri presenti stavano commentando il modo di giocare sempre più difensivo della Juve. Al 39' Vierchowod fece un piccolo fallo su Kanu vicino all' area di rigore, un'occasione d´oro per l´Ajax! Mi era persino passata la voglia di guardare la televisione, avrei voluto lasciare il locale in quel momento per evitare quello che stava per accadere. Stava così per compiersi quel destino forse già segnato, anche provocato per certi versi dal gioco rinunciatario della Juventus. Partì la punizione, cross su Angelo Peruzzi che nella mischia respinse male la palla usando i pugni in quanto le palle alte sono sempre state il suo tallone d´Achille! Altri portieri sicuramente avrebbero bloccato quella palla, ma per sfortuna la palla respinta andò a finire sui piedi di Litmanen, un giro verso la porta, Vierchowod arrivò in ritardo... il tiro... 1-1. Nell' intervallo ovviamente si discusse energicamente della disposizione tattica della Juve, anche i presenti interisti e milanisti parteciparono ad alta voce alle discussioni. In bagno incontrai Sergio, che era sempre felice che stessi tifando Juve e che non avessi dimenticato i colori italiani quella sera. Nel secondo tempo Lippi cambiò il posizionamento tattico dei Bianconeri e così la Juve riprese in mano la partita. Un calcio attrattivo e fisico! Kluivert, che subentrò nell' intervallo per l´infortunato Musampa, non riuscì a dare impulsi positivi al gioco olandese. Verso la fine dei tempi regolari la Juve stava diventando sempre più forte, Padovano subentrò al 77' al posto di Ravanelli. Attaccante per Attaccante, sangue fresco per la fase finale, ma anche lui non riuscì a segnare. Vialli all' 86' si mangiò un'occasione d'oro a pochi passi da Van der Saar. In quegli istanti stavo soffrendo con gli amici juventini ed aspettavamo con ansia i tempi supplementari. Mani sudate e pressione a mille in quella notte romana! Comunque ero ancora convinto che la Juve avrebbe vinto! Verso la fine dei supplementari Vialli e Del Piero non riuscirono a sfruttare le occasioni che erano loro capitate. L' Ajax riuscì a mantenere il pareggio in una partita ad altissimo livello tecnico. Così la vincitrice doveva venir fuori nuovamente dalla lotteria dei rigori. Entrambe le squadre nei primi 120 minuti della partita avevano celebrato una finale degna da Coppa dei Campioni. Forse in quel periodo non esistevano attori più adatti per una finale così bella! Kanu, Davids, de Boer, Paolo Sousa, Jogovic o Deschamps: ognuno di loro era degno di giocare in un Mondiale. Due linee di centrocampo, che qualsiasi altra squadra può solo sognare! Tutto questo comunque adesso non contava più, quello che contava adesso erano solo i nervi più saldi! Eroi o falliti, questa era la domanda che ci preoccupava adesso. Nessuno degli italiani, visti i precedenti con i calci di rigore, pensava più alla vittoria. Io cercavo di tenere sù il morale a Pino e Sergio dicendo loro che non stava scritto da nessuna parte che la Juve avrebbe perso ai calci di rigore e poi avevamo la maggior parte del pubblico dalla nostra parte. Vialli non poteva lasciare il calcio italiano senza vincere un titolo importante! Certamente aveva vinto con la Sampdoria la Coppe delle Coppe ed aveva giocato la finale in Champions League contro il Barcellona, ma per un giocatore delle sue qualità era ancora troppo poco. Sembrava che la Juve fosse quasi costretta a vincere per tutti i motivi appena detti. C'era troppa voglia di cancellare quella tragica finale di Brussel contro il Liverpool con una vittoria! Così iniziarono gli ultimi minuti della finale commentati all' epoca dal miglior telecronista tedesco, Marcel Reif. Nessun altro era in grado di trasmettere le emozioni di una partita come lui, ancora oggi, quando riguardo le immagini su YouTube, mi viene la pelle d´oca anche se quella sera non era il Milan a scrivere una pagina di storia! Toccò per primo ad Edgar Davids andare verso l´esecuzione del primo calcio di rigore. Sarebbe stato in grado di affrontare questa responsabilità? Io non volevo neanche pensarci e, inginocchiati davanti alla televisione, stavamo tutti lì a pregare per un miracolo di Peruzzi.

«Ve lo giuro, Peruzzi lo para, me lo sento, Peruzzi lo para!»

A nessuno degli italiani presenti nel locale dell'FCA interessava più, dopo il tiro di Davids, se ero di fede milanista e se i miei interessi erano rivolti verso il calcio italiano. Sergio e Pino mi abbracciarono talmente forte esultando come se la Juve avesse già vinto la Coppa e questa esultanza non terminò neanche dopo l'1-0 di Ferrara. Ora era il turno di Jari Litmanen, il marcatore dell'1-1 nei tempi regolamentari. Se avesse sbagliato anche lui, il formaggio olandese sarebbe stato mangiato anzitempo. Pessotto, soprannominato Mister Sicurezza, il Professore riportò di nuovo in vantaggio la Juve. Stavo cercando di caricare di nuovo l´ambiente prima del prossimo tiro olandese…
«Peruzzi lo para di nuovo, adesso lo para»,
…invece fu il pareggio per gli olandesi. Adesso toccava a Michele Padovano, che era entrato a posto di Ravanelli…
«Speriamo che non sbagli nessun juventino adesso»
…si sentiva sussurrare da qualche tifoso presente lì. Più calciatori si presentavano davanti al dischetto, più calda diventava l'atmosfera, ma Padovano non sbagliò e portò in vantaggio la Juve per 3-2. Il difensore Silooy adesso doveva superare un ostacolo duro, dal suo tiro dipendeva la sopravvivenza dell'Ajax. Se Silooy avesse sbagliato, alla Juve

sarebbe bastato segnare uno degli ultimi due rigori a disposizione. Angelo Peruzzi aveva ascoltato sicuramente le mie preghiere, dopo il suo secondo rigore parato si era candidato per entrare nella storia della Juventus e del calcio italiano. Adesso Jugovic aveva l'occasione di trasformare l´Olimpico in un mare di bandiere bianconere. Ravanelli e Vialli non avevano il coraggio di guardare!   I tifosi della Juve stavano già intonando…

«OLE…OLE, OLE, OLE… JUVE, JUVE»

…I primi fumogeni stavano arrivando dalla curva juventina verso il campo, mentre Jugovic prendeva la rincorsa per il rigore decisivo della Juve.

*«Jugovic…LA JUVENTUS VINCE
LA CHAMPIONSLEAGUE»*

…queste furono le parole storiche di Marcel Reif per incitare alla vincita della seconda Coppa dei Campioni juventina ed effettivamente quell' incitamento funzionò perché la palla del serbo juventino andò in rete. Quello che poi successe nel locale potete sicuramente immaginarlo. Sergio, Pino e Michele, abbracciati, ballavano come se fossero stati punti da una tarantola. Ci strattonavamo a vicenda e tirandoci per i capelli gridavamo e ridevamo come bambini. Questo sicuramente lo stavano facendo quasi tutti gli italiani o chi tifava per la Juve. Alla tele stavano trasmettendo delle bellissime immagini di Roma. Il gigante Vialli, steso per terra, abbracciato a Ferrara, che piangevano insieme come bambini. Anche Ravanelli e Peruzzi non erano da meno! Che giornata, che notte splendida! La Juve aveva meritato di vincere la Champions League! Finalmente Vialli poteva alzare al cielo la tanto desiderata Coppa! Negli ultimi due anni avevano giocato un calcio stratosferico e questa era la meritata e giustissima ricompensa. Chi avrebbe potuto fermare più questa squadra? Un' invasione bianconera piemontese! Ci doveva essere di nuovo una grande rivoluzione in casa Juve infatti Vialli, Ravanelli e Padovano lasciarono la Juve per poi essere ricostruita nuovamente per l´obiettivo riconquista dell'Italia e dell'Europa. Ci fu l´arrivo di Zinedine Zidane che veniva dal Bordeaux, che l'anno prima aveva perso la finale di Coppa Uefa contro il Bayern Monaco. Arrivarono anche Alen Boksic, macchina da goal croata della Lazio ed un giovanissimo Christian Vieri dell'Atalanta per completare la Rosa.

L'Italia é la Nazione calcistica per eccellenza! Da sempre la Serie A italiana faceva parte di uno dei campionati più forti in assoluto. In nessun'altra nazione ci sono così tante controversie calcistiche come nelle principali metropoli della Penisola. Ci sono la passione incondizionata dei napoletani verso il loro SSC Napoli, i romani con le loro squadre Lazio e Roma, che trasformano il proprio stadio in un concentrato di emozioni. La vetta più famosa del calcio, lo stadio milanese di San Siro, la casa di Inter e Milan, regala ai suoi tifosi successi ed i più grandi campioni del panorama calcistico italiano. Diciamo che l'epicentro del calcio si trova a Torino, dove però le squadre regine Juve e Torino non potevano essere più differenti tra di loro. La Juve, orgoglio d´Italia! Nessun' altra squadra ha vinto più campionati degli Zebra! C'è anche da dire che la Juve ha più tifosi fuori dal Piemonte che in casa, una bellezza di 11 milioni di tifosi! In qualsiasi ristorante italiano nel mondo puoi incontrare un tifoso juventino, uguale se sei in America o nella più profonda Africa. Nella metropoli piemontese invece chi ha la superiorità cittadina è senza dubbio il Torino. Il Toro, il simbolo della squadra! Toro equivalente a mito, leggenda, amore e tristezza. Il simbolo della Juve ha dietro le spalle anni di vittorie, quello del Toro invece solo un unico giorno, quello del 4 maggio 1949 quando accadde la più grande tragedia del calcio italiano. Quel giorno alle ore 17 l´aereo con dentro tutta la squadra del Torino si schiantò contro il muraglione del terrapieno posteriore della basilica di Superga, sulla collina torinese mietendo trentuno vittime. In estate Superga era una meta per passeggiate familiari, che con il suo stupendo panorama invitava a passare ore rilassanti. La basilica, costruita nel 1731 da Amedeo di Savoia, faceva da cornice al monte con tutto il suo splendore. Una funivia alleggeriva parecchio la salita agli amanti del posto, ma quel pomeriggio la bellezza di quel posto fu oscurata da una nebbia grigia fittissima. Una coltre grigia che doveva diventare destino infausto per una grande squadra e mandare in lutto una nazione intera! Il pilota Pier Luigi Meroni quel giorno sull'aereo sicuramente non riusciva a vedere la propria mano davanti ai suoi occhi per colpa di quella nebbia maledetta! Il futuro giornalista Gian Paolo Ormezzano, all' epoca 14enne in visita presso la bellissima villa dello zio, ricevette un dolore enorme, che forse non si può capire se non si è vissuta una tragedia simile! La sua squadra, il suo Toro, i suoi eroi avevano trovato la morte sulle colline di Superga e fu così che, con tutto il dolore e la rabbia per il tragico evento, diede un pugno ad una vetrina della casa dello zio frantumandola in mille pezzi. Forse questo giorno segnò Gian Paolo per tutta la vita, solo 4 anni dopo divenne un giornalista sportivo e fu uno dei più grandi nel suo mestiere all'epoca. Il giorno successivo alla tragedia la strada per Superga era sovraffollata di gente curiosa che voleva accedere al luogo dell'orrore. Il Torino era all' epoca il simbolo del calcio italiano, a volte il Toro dava fino a dieci giocatori alla Nazionale ed era l'orgoglio di tutta l'Italia. Il grande Toro, simbolo di una Nazione e della ricostruzione dopo l'epoca fascista. Il Toro stava tornando dal Portogallo dove aveva svolto una partita amichevole contro il Benfica perdendo per 4-3. Le sconfitte erano una rarità per il Toro in quanto aveva appena vinto il suo quarto scudetto consecutivo. Il primo lo aveva vinto nel 1942/43, poi il campionato fu sospeso per 2 anni a causa del sopraggiungere delle truppe degli Alleati che arrivavano dal sud e da quelle di Hitler che stavano occupando il Nord Italia. Dopo la Liberazione nella primavera del 1945 si riprese a giocare a calcio. L'AC Torino prese nuovamente in mano le redini del campionato dimostrando la sua assoluta superiorità. La squadra fu allenata nuovamente dall'ungherese Egri Erbstein, il quale in seguito dovette abbandonare il suo ruolo di allenatore a causa delle sue origini ebree e dell'arrivo delle truppe Hitleriane. Erbstein fu sostituito ufficialmente dall' inglese Leslie Lievesley, ma di fatto costruirono insieme un Torino che in quel periodo era quasi imbattibile. Erbstein portava avanti la sua idea che ogni giocatore debba sapere far tutto da punto di vista tattico in qualsiasi momento della partita ed adattarsi alle varie circostanze, in parole povere diventare tutti dei giocatori completi! In più Erbstein aveva adottato un'arte di gioco che era stata sviluppata dall'allenatore dell'Arsenal Herbert Chapman cioè il sistema della difesa aggressiva. Leslie Lievesley, che era al fianco del mister, aveva introdotto un sistema nuovo per l'epoca, cioè "l'allenamento fisico intensivo" con l'intenzione di farlo praticare a più della metà dei giocatori della squadra. Nel Nord Italia si venne così a creare una spiccata superiorità calcistica: nella stagione 1947/48 il Toro aveva smontato letteralmente tutti i suoi avversari! 125 goal fatti, solo 33 goal subiti! 29 vittorie e solo 4 sconfitte, delle quali nessuna in casa ed a concludere il campionato ci fu il risultato di 10-0 contro l'Alessandria! Ad allenare il Toro all' epoca era Valentino Mazzola, il padre del campione dell'Inter Alessandro. Valentino era la superstar degli anni 40, il motore della squadra, il condottiero predestinato con la sua squadra alla conquista del mondo! Era considerato uno dei numeri 10 più grandi del pianeta! Giampiero Boniperti, da giovane attore rivale juventino, si ricorda di un derby speciale dove aveva già sollevato le braccia in alto per esultare, quando dal nulla arrivò Mazzola sulla linea della porta deviando il suo tiro. Giampiero

Boniperti aveva preso bene la mira ed ero convinto che la palla sarebbe entrata, ma quando sollevò la testa vide che Valentino Mazzola era arrivato nella loro area di rigore per segnare contro di loro.

Nessuno sopravvisse a quell' impatto sulle colline di Superga! Mazzola morì a soli 30 anni e con lui in totale 18 giocatori, 2 allenatori, 2 direttori sportivi, il massaggiatore, 3 giornalisti sportivi Tosatti, Cavallero e Casalbore, il pilota Gigi Meroni e 4 membri dell'equipaggio. Un contadino che stava lavorando nelle vicinanze riconobbe Aldo Ballarin, uno dei giocatori dalla maglietta indossata, egli era talmente orgoglioso di appartenere alla sua squadra che anche in privato indossava la maglia del Toro. L´identificazione dei cadaveri toccò al commissario tecnico della Nazionale Italiana Vittorio Pozzo. Il 6 maggio a Torino davanti a centinaia di migliaia persone ebbe luogo il rito del funerale di una delle più grandi squadre di calcio. Gli eroi del Toro, scortati dai Carabinieri in tenuta da cerimonia ed accompagnati da migliaia di persone, vennero portati dal centro della città fino a Piazza Castello. Un eroe dopo l´altro vennero salutati ed onorati in questa sfilata. Arrivò anche una delegazione del Genoa Calcio, la squadra più antica d' Italia, per onorare ognuno dei loro scudetti vinti. Per ogni vittima c'era il segno della croce, 31 volte in totale! Era una funzione di solo mezz' ora, ma per la tragicità sembrò un'eternità. Nella camera ardente il presidente del Toro Barassi stava parlando ai propri giocatori come se fossero ancora in vita consegnando loro idealmente il quinto scudetto e chiamandoli uno per uno per nome. Alla fine toccò a Mazzola, il capitano, al quale di solito si dà per primo una coppa. Barassi disegnò in cielo con le sue mani una Coppa gigante e disse…

«La vedi questa bella Coppa?
È tua, è vostra! È grande,
è più grande di questa sala,

...Grande Toro! Da mito divenne leggenda. Il Toro, simbolo di Torino e delle più grandi squadre dell'epoca. Da allora il Torino Calcio non venne mai più chiamato il Grande Torino., perché non venne mai più raggiunta la gloria ed i successi degli anni 40. Solo nel 1976 il Toro riuscì nuovamente a vincere lo scudetto, ma la sfortuna con gli "Sfigati" non si fece attendere. Attilio Romero all'epoca aveva 19 anni ed era grandissimo tifoso dei Granata. Il pomeriggio del 15 ottobre era stato allo stadio per seguire la vittoria dei suoi per 4-2 contro la Sampdoria. Gigi Meroni, la farfalla granata e superstar del Toro, quel pomeriggio diede spettacolo assoluto. Romero si mise a litigare con un altro tifoso granata che non era per niente convinto della presta-zione di Meroni. Romero invece era fermamente convinto del valore di Meroni e cercava di imitarlo in tutto e per tutto, si stava crescendo i capelli e si vestiva come lui per cercare di somigliargli il più possibile. Questo obiettivo non era facile da raggiungere visto che la Star del Toro si faceva disegnare gli abiti secondo il suo gusto personale, cioè gessati larghi e farfalle enormi. Una volta successe che alcuni tifosi della Juve scambiarono Romero per il vero Meroni e gli gridarono di tagliarsi i capelli cercando anche di tirargli monetine e di insultarlo. Questo gesto delle monetine significava per gli juventini che i giocatori fossero comprabili. La Juventus aveva offerto per Meroni una cifra record di 750 milioni di lire, ma dopo una rivolta dei tifosi granata che avevano lanciato volantini di protesta al cielo con tanto di contestazione in piazza San Carlo, l'Avvocato ritirò la sua offerta. Meroni rimase così fedele al Toro e divenne una grande e tragica leggenda. Erano le 21,15 del 15 ottobre 1967 quando Meroni era diretto a casa con il compagno di squadra Fabrizio Poletti. Meroni abitava in corso Re Umberto 53, una della più belle vie di Torino. I due giocatori avevano attraversato la strada quando dalla loro destra sopraggiunse una Fiat 124 Coupè guidata da Attilio Romero, che colpì di striscio Poletti e prese in pieno Meroni catapultandolo sull'altra corsia dove fu travolto da un'altra macchina che lo trascinò per 50 metri. Meroni morì poche ore dopo in ospedale per le fratture subite ed un grave trauma cranico. Gigi Meroni, figlio di una ragazza madre di Como, era diventato un idolo per tanti tifosi granata. Come già una volta per il pilota di Superga, il colonnello Meroni, anche la morte di Gigi Meroni trascinò i tifosi granata negli abissi della tristezza. Un'altra tragedia incombeva su questo nome o era solo destino? Il 22 ottobre il Toro sconfisse in un derby la Juventus per 4-0, una vittoria che somigliava di più a una marcia funebre. Il calciatore franco-argentino Nestor Combin nonostante avesse 39 di febbre fino a poche ore prima del calcio di inizio, volle rendere omaggio al suo amico Meroni giocando il derby con il cuore pieno di emozioni, triste come se non ci fosse un domani. Combin segnò 3 goal in onore del suo amico Gigi. Attilio Romero anni dopo divenne il presidente del Torino e forse é stato l'unico presidente e tifoso al mondo cui è capitata la disgrazia di aver ucciso il suo giocatore idolo. Il Toro nel frattempo si trasformò in una squadra altalenante tra serie A e B e calcisticamente diventò la seconda squadra di Torino dietro la Juventus. La Juventus invece fu risparmiata da questi destini infausti! In più di cento anni di storia la Juventus è stata sempre in mano della famiglia Agnelli. Il Clan degli Agnelli non ha contribuito solo alla storia della Juventus, ma anche a quella italiana con la Fiat, la Ferrari, la Rinascente, i quotidiani il Corriere della Sera e La Stampa diventando l'identità dell'Italia. Questa epoca ebbe inizio il 24 luglio 1923 quando Edoardo, il figlio del fondatore della Fiat Giovanni Agnelli, a soli 31 anni diventò presidente della Juventus. In quel periodo a Torino gli Agnelli stavano diventando una famiglia di prestigio anche se non riuscivano ancora a competere con l'allora Presidente del Toro, il "Conte Cinzano", proprietario dell'azienda dell'omonimo aperitivo. Edoardo era un uomo di mondo, eccentrico come nessun altro nella conservatrice e provinciale Torino di quei tempi, egli amava la sua famiglia ed il "Football"!

Sotto la sua conduzione la Juve iniziò a fare i primi grandi acquisti e nei suoi dodici anni alla guida della Juventus furono 6 gli scudetti vinti. Non solo i successi sportivi dovevano segnare la storia della famiglia Agnelli! Sotto l'aristocratico Presidente il calcio venne utilizzato anche per motivi politici ed industriali. Gli operai della Fiat subirono tutto questo senza fiatare ed anche negli scioperi sindacali la Juventus non veniva tirata in ballo. Già all' epoca la Juventus era diventata per il popolo normale uno status symbol quasi sacro, essa era diventata un'identità concreta, qualcosa di grande. Con la sua mentalità non tipicamente italiana, con disciplina, spirito di squadra ed obbedienza la società col passare degli anni ebbe alla guida funzionari e giocatori assetati di vittorie. La società fu fondata l'1 novembre 1897 da un gruppo di studenti torinesi dell'istituto Massimo D' Azeglio con il nome di Augusta Taurinorum. Si iniziò a giocare con le maglie rosa, ma presto il nome fu cambiato in Juventus che vuol dire "Gioventù". Dal 1903 la Juve gioca con le più conosciute maglie bianconere la cui origine è abbastanza curiosa: un emigrante inglese voleva regalare alla squadra delle nuove divise e le ordinò in Inghilterra a Nottingham, ma ci fu un equivoco. L' azienda inglese, convinta che le divise fossero per la squadra di casa, il Notts County, produsse le divise in bianco-nero e non in rosa-nero. A Torino non erano contenti della scelta, ma per mancanza di alternative si iniziò ad usare le nuove divise. Dal 1900 la Juventus era presente nel Campionato italiano, nel 1905 vinse a sorpresa il primo Campionato a spese del Genoa, squadra fondata nel 1893 e considerata l'avversario più forte, poi per molti anni non vinse più niente. Solo quando la società venne presa in mano da

Edoardo Agnelli si ritornò sulla strada del successo, già nello stesso anno infatti fu acquistato per 50.000 lire Virginio Rosetta dalla Pro Vercelli e questo fu il primo acquisto professionistico della storia del calcio italiano. Questo fu l´inizio del calcio professionale in Italia e ci fu subito l'esigenza che la Juve dovesse essere rafforzata. Eduardo Agnelli non aveva paura di spendere soldi per rafforzare la sua squadra con giocatori come Ferrari, Orsi e Rosetta. Nel 1926 venne celebrato il secondo titolo Italiano e così ben presto la Juve si trasformò in una vincitrice abituale. Dal 1931 al 1935 altri 5 scudetti furono regalati al capoluogo piemontese. Nel 1933 per la prima volta si giocò nello stadio comunale, che fino al 1990 era stata la casa della Vecchia Signora. Da lì per il Mondiale 90 si giocò nello stadio delle Alpi. Nel 1935 in un incidente aereo l'erede della Fiat trovò la morte e la conduzione della società venne affidata ad un buon e fidato amico di famiglia, il quale però non riuscì ad ottenere gli stessi risultati.

Poi arrivò la seconda guerra mondiale ed iniziò l'era di Gianni Agnelli," l'Avvocato", il quale a soli 26 anni ed una laurea in giurisprudenza in tasca, prese in mano le redini della società, che suo padre gli aveva ereditato. Egli fungeva da imperatore nel vero senso della parola, ogni anno ad inizio campionato tutta la squadra veniva invitata nella sua villa sulle colline torinesi, dove ognuno veniva salutato con una stretta di mano, dai giocatori all' allenatore e tutto lo staff. Quando andava allo stadio non aspettava mai la fine della partita, non importa quanto fosse interessante. Accadeva anche che, se nelle prime ore del mattino aveva voglia di fare una chiacchierata con un suo giocatore preferito, lo chiamava senza problemi. Agnelli amava la sua Juventus, la Vecchia Signora era una delle sue più grandi passioni e forse non esagero nel dire che, per il suo modo di essere ed il suo stile, era proprio l'italiano tipo! Per non pochi addirittura un sex symbol, mai un perdente! Era sempre in movimento, più del vento e per questo motivo amava andare in barca a vela e volare. Nessun clima poteva fermarlo dalla sua passione per la vela, anche se c'era rischio meteo, lui andava lo stesso per mare. Trasmetteva ideali di libertà, una libertà che non era acquistabile. Forse nessuno come lui riuscì a godersi la Dolce Vita dopo la ricostruzione dell'Italia. Nel 1947 " L' Avvocato " acquistò Giampiero Boniperti, che fece la bellezza di 179 reti in 459 partite per la Juve. La Juve divenne così 2 volte consecutivamente Campione d' Italia. Quando con il passare degli anni si sentivano storie di grandi campioni come Platini, Rossi, Zidane, Del Piero, Baggio e Zoff c'è da dire che sono stati tutti merito dell'Avvocato. Presto Gianni lasciò il suo posto al fratello Umberto e si ritirò dall' incarico tecnico di Presidente.

La più grande tragedia della storia della società ebbe luogo il 29 maggio 1985: In finale di Coppa dei Campioni c'era come avversario il Liverpool, già molte ore prima dell'incontro le tifoserie si stavano sfottendo a vicenda. Ad un'ora dal calcio d' inizio una grande parte della tifoseria inglese irruppe nel "Settore Z" dello stadio Heysel. Di solito lì stavano i tifosi neutri, ma non si sa perché quella volta erano la maggior parte tifosi italiani. Si scatenò così il panico ed i tifosi cercarono in tutta fretta di lasciare il settore quando un muro cedette e molti tifosi juventini furono schiacciati. Ci fu il panico assoluto, chi stava già sotto le macerie, mentre altri nel fuggi fuggi vennero calpestati da altri tifosi presi dal panico. Morirono così 39 tifosi bianconeri ed anche più di 400 feriti, ma per evitare altri scontri la partita venne giocata ugualmente in un clima surreale. La Juve, anche grazie ad un rigore dubbio dato a Platini, vinse sul luogo dell'orrore la sua prima Coppa dei Campioni della storia. Sportivamente la Vecchia Signora è una delle più forti squadre in circolazione, fino ad adesso ha vinto 33 volte il Campionato, poi è stata proprio la Juve a vincere tutte e tre le competizioni Europee cioè la Coppa dei Campioni, la Coppa delle Coppe e la Coppa Uefa. C'era da chiedersi quale fosse la differenza tra la Juve ed il Toro: mentre nella Juve non contava il singolo ma sempre il collettivo, nel Toro invece si viveva di idoli, i loro dei del calcio cioè Mazzola, Ballarin, Meroni e Combin, leggende che avevano reso immortale il Toro. Se avessi tutti i soldi del mondo sceglierei solo due squadre da portare alla gloria: il Bari AS ed il Toro, il Bari per il forte legame con le mie radici ed il Toro per la passione ed i segni del destino. Il Milan, San Siro, la nostra Curva? No, non avrei mai il coraggio di abbandonare i miei ideali che amo tantissimo. Alla fine così il Toro per la sua storia così piena di vicende drammatiche ed il Bari?... Hmmm Home Sweet Home!

Christina era consapevole di tutto ciò, io glielo avevo sempre detto. Se la Juve avesse raggiunto di nuovo la finale ed avesse incontrato il Dortmund, io sarei andato nella regione della Ruhr per la prevendita dei biglietti per la finale che si teneva a Monaco di Baviera. Non volevo perdere un'altra finale a così pochi passi da casa! Ovviamente avrei preferito vedere il Milan, ma c'era comunque la possibilità di un confronto italo-tedesco. Sarebbe stato comunque tutto ugualmente bello! Se fossi andato da solo a Dortmund avrei avuto tutto il tempo per prendere i biglietti pagandoli a prezzo regolare, ma Christina mi fece nuovamente una delle sue scenate o, diciamo così, ho permesso io che si arrivasse a quel punto. Come quasi sempre, quando a me piaceva qualcosa, lei non riusciva a condividere il mio entusiasmo ed il mio stato d' animo. Quel sabato dopo il lavoro andai a casa sua, lei mi stava aspettando nella sua stanza in stato di totale agitazione perché doveva dirmi qualcosa di "importante" come mi aveva accennato prima al telefono. Lei mi prese per mano sulla soglia della porta e mi accompagnò sul divano e iniziò a parlare…

«Tesoro, lo sai che ti amo»

…e così ebbe inizio la sua manipolazione nei miei confronti, infatti continuò dicendo…

«Ma non voglio che lunedì tu parta per Dortmund
con la tua macchina».

Le sue carezze mi stavano facendo ribrezzo e così io la incalzai…

«Tu sei incredibilmente falsa! Sei orrenda!»

E lei continuava…

«Si, ma mio padre non lascia mai mia madre per
così tanto tempo da sola per andare a vedere il calcio.
Devi decidere cosa é più importante per te»

Ed io… *«Ma che me ne frega a me di tuo padre!*
Quello non é capace neanche di farsi un panino da solo.
Cosa pretendi da un pantofolaio? A te interessano solo la
macchina ed i soldi. Ma la macchina di chi è?
E chi paga i biglietti?»

E lei… *«Per me é uguale,*
se vai tronco il nostro rapporto!»

…Ed io idiota, nella mia ingenuità, mi feci mettere sotto pressione da lei. Queste cose succedevano ormai spesso tra di noi! Comunque trovammo un compromesso: sarei potuto andare se avessi trovato un'altra persona che metteva la sua macchina a disposizione per andare fino a Dortmund. Quello che lei non avrebbe mai immaginato è che io quella persona non avrei potuto mai trovarla. Il mio amico Sandro, anche lui milanista amava prendere la macchina a volo e partire. Avrei dovuto solo contribuire per le spese del viaggio e così solo dopo 5 ore di macchina arrivammo lunedì mattina a Dortmund. Senza tanti problemi trovammo il Westfalen-stadion. Quello che non avevamo calcolato è che a quell' ora della mattina non c'eravamo solo noi a prendere i biglietti per la finale a Monaco, ma c'era gente da tutte le parti del mondo, anche dalla Svezia, persone che avevano pernottato lì per essere presenti alla prevendita ufficiale. Non erano esattamente poche persone ad aspettare l'inizio della prevendita e così ci toccò metterci in fila imbottigliati dentro una coda che era lunga parecchi centinaia di metri. La prevendita iniziò alle 8,00 del mattino e quando alle 10,15 ci rendemmo conto che eravamo avanzati solo di 5 metri, Sandro iniziò ad innervosirsi un po'. Sandro fin dai tempi della scuola era un ragazzo di poche parole, ma sempre con la battuta pronta al momento giusto, aveva una chioma bionda piena di gelatina pettinata a spazzola ed a volte si gustava qualche canna con i suoi amici prima di fare le gare con la macchina. Naturalmente la sua ragazza era all' oscuro di tutto. A primo impatto sembrava un ragazzo tranquillo e sereno, all' epoca non ci pensava su due volte se voleva fare qualcosa, ma era comunque un ragazzo fighissimo. Mentre eravamo in fila e lui raccontava barzellette facendo ridere le persone intorno a noi, ad un tratto sparì   per poi riapparire dieci minuti dopo dal nulla esclamando...

«Michele ascolta, ho appena telefonato a mio zio e mi ha detto che ha biglietti per la finale, non c'è bisogno di stare qui in fila per tante ore».

«E perché siamo venuti fino a qui per fare la fila?
E' una barzelletta? Non poteva saperlo prima?»
...gli risposi io. E Sandro...

«Te lo giuro, vai alla cabina telefonica e chiamalo tu».
...Non mi capacitavo che Sandro fosse stato così stupido da farsi questi 1200 km per niente. La cabina telefonica era occupata e davanti a me c'erano altre persone che aspettavano. Neanche la fila alla cassa diminuiva. No, Sandro sicuramente non mi stava prendendo in giro nè dicendomi una bugia, pensavo. Quindi, anche se avevo una strana

sensazione nello stomaco, gli diedi retta e così tornammo ad Augsburg, direttamente da suo zio, che stranamente non sapeva proprio niente di tutta la storia. Lui disse che forse con tanta fortuna avrebbe potuto trovare i biglietti, ma che comunque non era sicuro al 100%, perché c'erano già altre persone interessate. Se qualcuno di loro avesse rinunciato, io avrei potuto comprare il loro biglietto. Era solo colpa mia se mi trovavo in quella situazione, se fossi rimasto da solo sarei andato in treno a Dortmund o direttamente con la mia macchina senza farmi influenzare dalla mia ragazza e forse avrei evitato questo disastro. Christina non era la prima volta che mi influenzava così tanto nelle mie decisioni. Dopo il nostro incidente in macchina abbiamo avuto reazioni diverse. Ricordo ancora quel giorno: era una bella giornata estiva quando lei mi venne a prendere durante la mia pausa di lavoro, voleva comprarsi un costume da bagno e aveva già scelto il modello al Karstadt. Stavamo attraversando la strada a tre corsie quando fummo presi in pieno da una macchina. Lei subì i maggiori danni fisici, una frattura doppia che doveva essere operata ed una piccola lesione in viso che fu suturata con dei punti. Io per fortuna non riportai grandi lesioni. Ricordo quel volo di quasi 20 metri come se fosse accaduto ieri! Come già detto, oltre un paio di ematomi, non subii grandi danni fisici. Anche i conducenti della macchina per fortuna non riportarono grandi danni. Le conseguenze dell'incidente furono invece ben altre, da quel momento avevo sempre paura, paura di perdere qualcosa, paura che potesse accadere di nuovo. Avevamo avuto una fortuna enorme anche perché quel volo di quasi 20 metri fu frenato dal palo di un semaforo che mi procurò un occhio nero, che anche settimane dopo mi ricordava quell'incidente. Quello che realmente rimase dell'incidente fu la paura, paura della morte o di un altro incidente senza poter avere di nuovo tutta quella fortuna. Christina dopo l'operazione si ritirò sempre di più in un guscio, non aveva più voglia di uscire e voleva restare sempre a casa. Forse avrei dovuto dimostrare più maturità e responsabilità, ma la maturità che effettivamente non avevo, non riuscivo nemmeno a fingere di averla. In fondo avevo solo 16 anni e con il tempo arrivarono sempre più problemi: per prima cosa perse il posto di apprendistato che avrebbe dovuto iniziare dopo l'incidente, poi iniziarono i disturbi alimentari. Annullava spesso le cene con i genitori e nascondeva il cibo in una borsa dietro al divano. Questa storia non durò solo un paio di settimane, ma mesi interi ed io ero obbligato a stare zitto perché lei mi ricattava dicendomi che se avessi parlato con i suoi genitori mi avrebbe lasciato. Lo so, tutto questo può sembrare strano, anche perché avrei potuto dare qualche piccola avvisaglia a sua madre affinché lo scoprisse da sola ed invece questa idea non mi venne in mente. Ero completamente fuori in quel periodo! E non era ancora tutto, a seguire c'era molto altro ancora. Lei era gelosissima, a volte a ragion veduta, quindi uscire da solo con amici sembrava un delitto capitale. Sempre più spesso trascuravo per colpa mia gli allenamenti di calcio con la conseguenza che stavo rendendo poco in campo e persi anche il posto da titolare. Christina era molto possessiva e domi-nante, dominante in una maniera che rasentava la cattiveria! Non potevo sperare nella sua comprensione neanche se volevo vedere delle partite di calcio con mio padre, quindi alla fine mi ritrovavo a vederle con suo padre. Mi voleva sempre vicino, non accettava che facessimo qualcosa separatamente. Anche se lei credeva di aver trovato la soluzione facendomi stare a casa sua fino a mezzanotte per evitare che io uscissi dopo, avevo trovato subito una soluzione. Prendevo l'ultimo pullman per casa, doccia rapida ed in bici attraversavo i campi per raggiungere la Sound Factory distante 8 km. I miei amici non avevano più voglia di aspettarmi fino a tarda notte, per me era anche logico e li capivo perché era solo colpa mia se si era creata questa situazione. Non avrei dovuto subire le sue pressioni e fu così che non ebbi più i passaggi dei miei amici e toccava a me vedere come raggiungerli. Io per molto tempo le sono stato fedele, ma quando iniziò a infastidirmi con frasi tipo che mi amava come un fratello o che non sapeva cosa fare con me, iniziai a trovare il divertimento altrove. Se oggi una donna mi dicesse quelle cose, scapperei via a gambe levate! Penso che avrei dovuto troncare subito ed invece nella primavera del 1999 andammo a vivere insieme nonostante soffrissi già da 6 mesi di bulimia. Lei non si rese conto che avevo già perso dieci chili e già solo dopo 4 settimane di convivenza lei si mise a fare delle avances ad uno dei miei migliori amici, ma io non riuscivo neanche ad essere arrabbiato con lei perché capivo che era solo la conseguenza dei miei comportamenti nei suoi confronti. Ad oggi non mi pento di nessuna delle mie scappatelle perché le considero facenti parte dei miei primi anni di vita sessuale. L´unica cosa che mi faceva arrabbiare era che avevamo speso oltre 25.000 marchi per arredare l'appartamento e se ci fossimo lasciati, lei ovviamente avrebbe voluto subito la sua parte indietro. Siccome stava giocando sporco la mandai subito a quel paese e feci un debito di 9.000 marchi. Lei non aveva nessun rimorso per la sua scappatella e, senza fare nomi, il suo amante aveva un rapporto anche con un'altra ragazza che, ironia della sorte, era molto amica di Christina. In fondo volevo solo una cosa da lei: essere amato ed un po' più di accettazione per la mia passione per il Milan ed il calcio, ma lei non n'è mai stata capace. Sapeva troppo bene quanto mi sarebbe piaciuto andare allo stadio di San Siro a Milano e solo 4 giorni dopo la nostra separazione lo feci con Rado, che ho già nominato, ma ora ve lo racconto meglio ... Si, e fu così che andai per la prima volta a vedere una partita a Milano, per esattezza era l´ultima partita casalinga del Milan. Lì vidi il più grande spettacolo della mia vita! Mi resi conto di aver perso qualcosa di importante, ma di aver guadagnato qualcosa di ancora più grande. A volte nella vita bisogna fare un passo indietro per poter avanzare due passi avanti. Da quel momento il mio rapporto con il Milan si sviluppò nuovamente in modo positivo. Stadio tutto esaurito! Il Milan vinse la partita con tre reti del campione d' Europa tedesco Oliver Bierhoff ed un'altra rete di Leonardo per 4-0. Contemporaneamente la Lazio giocò a Firenze pareggiando e ciò significò che il Milan nella penultima giornata di campionato 98/99 fu per la prima volta capolista. Grande festa! Che dolce profumo c'era nell' aria durante la partita! Droga a non finire! Nel secondo anello blu della curva del Milan quasi tutti fumavano le canne e ne rimasi molto scioccato anche se contemporaneamente ero entusiasta della vista che avevo davanti: un mare di bandiere rossonere e fumogeni per festeggiare l'ultima partita casalinga di questo grandioso campionato. Adesso tutti stavano guardando verso Perugia, dove una settimana dopo ci sarebbe stata l´ultima partita di campionato. Il Milan vinse per 2-1 e divenne campione d' Italia. Questa incursione a Milano non sarebbe stata l´ultima perché l'anima del tifoso dentro di me aveva spiccato il volo! La storia del Milan che verrà è una storia a parte!

Ovviamente i miei, dopo il mio rientro a casa, si arrabbiarono molto per la mia incursione a Dortmund, ma a me non importava nulla. La stessa sera andai da Christina, non vedevo l'ora di vederla per sfogare la mia rabbia accumulata a causa del bidone fattomi da Sandro, lo stronzo del mese... forse dell'anno, che mi aveva fatto andare inutilmente a Dortmund senza riuscire a prendere i biglietti e così troncai qualsiasi rapporto con lui. Quando ci vediamo oggi...

«Ciao, tutto bene? Ciao...»

...Forse c'è qualcosa di vero quando si dice che dopo gravi incomprensioni alcune persone non ce la fanno a restare amici nel tempo! Nonostante tutto non avevo perso la speranza di vedere la finale a Monaco. Una mattina, mentre stavo mettendo la merce fuori dal negozio, notai un ragazzo che passava sempre dal lato opposto direzione verso il centro di Augsburg: statura minuta, capelli biondi a spazzola, sempre con gli occhiali da sole e la sua pelle solo un po' più scura della maglia del Real Madrid che indossava quasi ogni giorno. Una mattina cambiò lato e passò davanti al mio negozio e quando me lo trovai davanti gli chiesi:

«tifoso del Real?» E lui… «cosa? Real?»
Sembrava non sapesse cosa rispondermi, si avvicinò a me e mi chiese se volevo vedere una squadra veramente forte. Alzò la manica della sua maglietta e mi fece vedere orgogliosamente il suo tatuaggio, io non riuscivo a credere ai miei occhi, aveva tatuato sull' avambraccio lo stemma del Milan. Quello che accadde dopo fu normale, ci scambiammo i numeri di telefono e decidemmo di andare insieme a Monaco per cercare i biglietti dai bagarini. Ah sì, il suo nome era Rado, nativo slovacco ed aveva solo 16 anni, ma soprattutto era milanista e non uno qualsiasi… era uguale a me, aveva proprio il sangue rossonero! I genitori di Christina erano andati in vacanza per due settimane in Ungheria e così avevamo casa libera e stranamente passammo un paio di settimane tranquille. Era il lunedì sera del 26 maggio quando le feci la proposta di andare il giorno successivo a Monaco all' Olympiapark per respirare aria di finale ed andare a caccia di autografi. Mi stavo immaginando già le scuse e le argomentazioni più strane per non andarci, ma con mia grande meraviglia mi disse di sì senza tante storie. Rado il martedì mattina doveva lavorare, in quel periodo stava studiando come cuoco in uno dei più rinomati ristoranti di Augsburg, quindi aveva sempre problemi di tempo per seguire il calcio. Fu così che io e Christina andammo da soli a Monaco. Dopo esserci svegliati ed una buona colazione ci mettemmo in cammino direzione Monaco. Lei sicuramente pensava che io volessi andare lì solo per qualche autografo, ma non sapeva che nel portafoglio avevo 400 marchi e tutt' altre intenzioni. Arrivammo a Monaco, c'era una bella temperatura, un tempo

soleggiato e più ci avvicinavamo allo stadio, più si vedevano le pubblicità e gli stendardi della finalissima. Lì Christina iniziò a notare un certo nervosismo da parte mia, quando fummo nei pressi dello stadio all'improvviso mi chiese…

«Ma non é per caso che siamo venuti qui
per comprare i biglietti?»
…E la mia risposta pronta…
«Biglietti?... Io? Ma sono già esauriti da un pezzo».

…Grazie alla sua stupida azione non avevo i biglietti anche se sapevo che in parte era colpa mia, ma ci eravamo ripromessi di non parlarne più. Ovviamente Christina voleva avere sempre l'ultima parola ed insisteva, ma grazie al mio talento naturale di attore riuscii fino a un certo punto a fingere che non avevo strane intenzioni. Quando però arrivammo al parcheggio ed i primi bagarini si avvicinarono alla mia Fiat Uno, abbassai il finestrino e quando vidi il biglietto davanti al mio naso la situazione tutto ad un tratto iniziò a degenerare. Voleva esattamente 300 marchi, in quei biglietti c'era tutto ciò che il mio cuore desiderava

Olympia Stadion München
Monaco 28 maggio 1997,
Borussia Dortmund vs Juventus Torino,
finale della Champions eaugue

Così all'improvviso esclamai…
«Christina dammi la mia borsa... lì ci sono i miei soldi»
Lei agitata mi rispose…   *«Michele! No, ti prego!»*
«Dammi il mio portafoglio Christina»
«NO MICHELE... TI PREGO... NO;
NON TE LO DO IL PORTAFOGLIO!»
«PORCAMISERIA CHRISTINA, DAMMI QUEL CAZZO DI
PORTAFOGLIO ALL'ISTANTE, SONO I MIEI SOLDI E

Questo fu decisamente troppo duro per lei infatti stava anche iniziando a piangere, avrei voluto sollevarla di peso con le mie mani, ma non riuscii a fare nulla se non rinunciare un'altra volta per lei. Non era il momento di discutere per i biglietti però in quel momento avrei voluto ammazzarla. Avrei dovuto rendere appetibile per lei questa finale, in fondo, come venditore al dettaglio, facevo questo per lavoro da Photo Porst e cioè rendere appetitosi gli articoli, con–vincere, argomentare, spiegare ed ero anche piuttosto bravo nel mio mestiere. Tutto d´un tratto comunque mi riuscì una cosa che normalmente avevo difficoltà, cioè stavo riuscendo a controllare il mio nervosismo. Naturalmente avrei dovuto ignorare Christina e comprare i biglietti, sì, avrei proprio dovuto farlo però in fin dei conti stavamo avendo una relazione fissa e non potevo fare proprio tutto che volevo. Molte cose che lei mi chiedeva però erano veramente esagerate, ma io stavo escogitando il modo di portarmi Christina alla finale e magari riuscire a farle cambiare idea sul calcio e farle comprendere di più la mia passione per il calcio. Forse si sarebbe interessata di più a questo sport, ma dopo averci pensato bene, cominciarono a venirmi dei dubbi. Non osavo immaginare se dopo la finale si fosse trasformata in una tifosa della Juve o del Dortmund o addirittura del Milan. Sarebbe stata guerra totale in casa! Comunque a lei mancava proprio il legame e la passione per questo sport! Anche se una voce interiore mi diceva che la nostra storia non sarebbe durata per sempre, non volevo lasciarla però proprio adesso e soprattutto non per la Juve. Devo ammettere che dopo la litigata per la mia incursione con Sandro a Dortmund stavo meditando più volte di lasciarla. Se non mi avesse fatto tutte quelle storie per la mia macchina non mi sarei neanche trovato in quella situazione. Comunque se fosse stato il Milan o l'Italia a

giocare una partita così importante, per me non ci sarebbe
stata nessuna discussione! Stavo provando con tutto me
stesso a convincere Christina. Porca miseria, dovevo vedere
quella finale. Lei peraltro non sapeva che avevo con me 400
marchi ed una volta tranquillizzata la situazione andammo a
visitare l'Olympiastadion. I preparativi per la finale erano
in pieno corso: grandissime bandiere con il simbolo della
Champions League venivano montate ai lati del campo e
dietro le porte stavano posizionando i colori delle squadre
in lizza. Turisti da tutto il mondo erano arrivati a Monaco,
alcuni dei quali venivano sempre a Monaco, ma cercavo
di ingannare Christina dicendole che erano arrivati esclu-
sivamente per la finale. Nel parco dell'Olympiastadion
venivano vendute sciarpe e bandiere delle due squadre. Per
mia fortuna a Christina stava cominciando a piacere quell'
atmosfera. Ovviamente sapevo che le due squadre dovevano
allenarsi proprio lì sul campo e così nel primo pomeriggio
prendemmo posto nella tribuna centrale vicino alle uscite
delle squadre. Per quello che riguardava la caccia agli
autografi avevo molta esperienza. Giocatori come Beckenbauer, Roberto Baggio, Paolo Rossi, Mario Kempes, Dino Zoff
e Lew Jaschin, solo per dirne alcuni, mi avevano fatto
l'autografo sulle mie maglie e bandiere ed avevo l'intenzione
che con il passare degli anni gli autografi dovessero
aumentare sempre di più. La squadra del Dortmund iniziò
per prima con gli allenamenti, i giocatori erano molto bravi e
disponibilissimi verso i tifosi nel concedere foto e autografi.
Conquistai così tanti autografi e Christina mi fotografava. Gli
ex Juventini come Möller, Kohler, Reuter e Sousa, che adesso
erano sotto contratto con il Dortmund, non potevano mancare
sulla mia maglia della Juve. Gli altri giocatori del BVB mi
fecero l'autografo sul braccio, che Christina ovviamente
fotografò per poi conservare le foto nel nostro album. A Paolo
Sousa, l'unico ex juventino che l'anno prima aveva vinto la
Coppa con la Juve, chiesi perché avesse lasciato la Juve. Lui

mi rispose che non era stato lui a voler lasciare la Juve, ma che era stata la Juventus a volerlo vendere. Lo incoraggiai con una pacca sulla spalla e mentre mi stava facendo l'autografo, lo salutai. L' unico tedesco a non regalarmi un sorriso durante l´autografo fu l´allenatore Ottmar Hitzfeld. Gli augurai tanta fortuna, che la sconfitta con la Juve non fosse così pesante! Se gli sguardi potessero uccidere, in quel momento avrei potuto essere già morto! La Juve invece si stava allenando a porte chiuse e l'unica cosa che siamo riusciti a vedere era il loro autobus.

Lippi non voleva spettatori. Dopo che avevo comprato due sciarpe per la finale per 20 marchi e dopo l´ennesima scenata di Christina mi toccava adesso rivenderle a due giapponesi per 30 marchi. Si lo so, sono stato molto ingenuo a farmi andar bene tutto questo. Dopo aver fatto una foto con il telecronista tedesco Günter Jauch, che per poco stavo facendo cadere dalle scale della tribuna, ce ne tornammo contenti ad Augsburg. Durante il cammino verso casa confessai a Christina che avevo con me 400 marchi. All' inizio lei non riusciva a credere che sarei stato disposto a spendere così tanti soldi per una "partita di calcio" mentre una piccola parte dentro di me cercava di eccitarla un po'. Quando lei iniziò a credere che il prezzo del biglietto potesse abbassarsi, fiutai l´occasione ed iniziai a lavorarmela dicendole…

«Una cosa è certa! Domani a mezzogiorno,
al massimo verso le due il biglietto lo prendo per 130 marchi»
«Davvero, dici? 130 marchi?»
…la sua voce aveva qualcosa di curioso che aveva risvegliato dentro di me la speranza. Le risposi…
«100 %»
Per un paio di minuti ci fu un silenzio totale. Alla radio stava suonando "Un'estate italiana" e ad un tratto lei disse…
«Va bene, se trovi due biglietti per 260 marchi li

puoi comprare»
«Come? Vuoi venire anche tu?»
le domandai incredulo. *«E lei»*

«Si, oggi è stato tutto così interessante e mi é venuta voglia di vivere una situazione così dal vivo, ma solo se li trovi per 260 marchi. Peccato però che domani mattina presto non posso venire con te, perché ho scuola fino alle 15»

Per fortuna aveva scuola e non poteva venire con me! Era chiaro che non avrei mai trovato i biglietti a quel prezzo stracciato! La serata passò stupendamente, andammo al nostro ristorante italiano abituale per una cenetta romantica e poi presto a letto. Il giorno successivo mi feci prestare da mio padre altri 300 marchi. Stranamente mio padre aveva comprensione per la mia situazione, però non voleva venire con me a vedere la partita. Così con 700 marchi in tasca andai un'altra volta a Monaco insieme a Rado, il quale non poté fare a meno di indossare la tuta del Milan. Era il nostro terzo incontro, le altre due volte ero andato a casa sua a trovarlo. Comunque quelle sere non andarono come avremmo voluto: l'Inter perse a sorpresa la finale di Coppa Uefa davanti al proprio pubblico contro lo Schalke 04. Dopo la sconfitta nella finale d' andata per 1-0 i milanesi non riuscirono a voltare pagina nei tempi regolari della partita di ritorno e così i tedeschi si salvarono alla lotteria dei calci di rigore vincendo la partita. Sulla strada per Monaco parlavamo di come era nato il nostro amore per il Milan. Era stupendo Rado, un ragazzo magnetico, che a soli 16 anni riusciva ad andare ad una finale di Champions League ed era disposto a spendere 300 marchi. Lo invidiavo anche un po', lui riusciva a godersi tutte le libertà che io fino a quel momento non potevo neanche sognare. Sua madre non lo ostacolava ed era anche single. Aveva un solo amore ed era il calcio e questa finale era solo l´ inizio di una lunga amicizia con in comune l'amore per il

Milan e la Nazionale italiana. Come italiano avevamo un conto in sospeso con i tedeschi e sicuramente non avrei speso 600 marchi solo per divertimento.

Il Dortmund aveva la fortuna di poter sfruttare il vantaggio di giocare in casa come la Juve l´anno precedente a Roma. Noi tifosi dovevamo dare una marcia in più per evitare un trionfo tedesco. Una vittoria del Dortmund? Assolutamente impossibile! Eravamo noi i favoriti! Rado e io eravamo del tutto convinti di vincere, con questa squadra si poteva solo vincere! Quella mattina c'era molto movimento intorno all'Olympiastadion. Bagarini ovunque, sia tedeschi che italiani, si notava una certa tensione nell' aria. Molti tifosi si erano radunati già davanti alle entrate sfoggiando i propri colori, mangiavano e bevevano specialità bavaresi, fumavano, ridevano e scherzavano. Dopo solo 20 minuti avevamo in mano i biglietti, molti posti nel settore juventino non erano più disponibili. Blocco P1, fila 59, posti 1, 2 e 3, proprio al limite con il settore juventino. Prezzo pagato 270 marchi a biglietto. Christina fino a quel momento non lo sapeva, per me era un investimento per la storia, per i miei ragazzi italiani. Una pura pazzia spendere così tanti soldi per uno spettacolo del genere! Il pensiero di tutto ciò però mi divertiva, mi sentivo solo un po' in colpa nei confronti del Milan. Comunque per me prima di tutto viene il mio amore verso l'Italia. Noi italiani all' estero in merito a questo aspetto la pensiamo diversamente degli italiani in casa e le mie esperienze me lo confermano. Comunque tutta la situazione era meravigliosamente folle, amavo il Milan più di qualsiasi donna della mia vita! Il Milan era già all' epoca il mio credo, la mia religione, il mio tutto...! Non poche volte avevo versato lacrime per loro! Fino a quel momento non ero mai stato a San Siro ed il mio modo di amare il Milan superava ogni dimensione. Lo so, avrei dovuto vivere una finale di Champions League con un'altra squadra, ma l´amore e la fedeltà per il Milan non erano in discussione e quindi per tutti i sacrifici e le litigate fatte, penso che mi ero proprio meritato quella finale. Dopo aver comprato i biglietti siamo tornati di corsa ad Augsburg, doccia, cambio di vestiti, bandiere e spumante in macchina. Da non dimenticare i colori per tingere la faccia e la macchina fotografica e poi alla fine andare a prendere Christina a scuola. Già da giorni in macchina suonava la stessa musicassetta con tutte le canzoni di calcio e proprio per questa finale avevo acquistato la nuova maglia della Juve. Sembravo quasi un vero juventino, non solo per la maglia e la faccia colorata di bianconero, ma anche per i capelli lunghi che avevo tinto di nero con le strisce bianche. Questo look lo avevo copiato da una rivista di moda ed un po' mi rimordeva la coscienza. Comunque mi imposi di non stare più male per il Milan anche perché con il passare degli anni avevo dimostrato più di una volta il mio legame ed amore per il Milan.

Verso le ore 17 arrivammo a Monaco, quel caldo giorno primaverile stava pian piano terminando, abbassammo i finestrini ed alzammo la musica a tutto volume. Stranamente Christina non aveva niente in contrario e si fece contagiare dalla nostra passione. Ad un semaforo rosso si accostò a noi una macchina con 4 tifosi del Dortmund, anche loro in vena di fare festa. Ad un tratto uno di loro con la maglia giallonera scese dalla macchina e corse verso di noi e ci abbracciò tutti augurandoci tanta fortuna. Ci mettemmo tutti a ridere e gli augurammo la stessa cosa. Lui corse un'altra volta verso la loro macchina e ci portò tre bottiglie di birra, le macchine dietro di noi stavano già suonando i clacson così fummo costretti a rimandare il brindisi al semaforo successivo. Alla radio stavano trasmettendo i calci di rigore dell'anno precedente tra Juve e Ajax commentati da Marcel Reif. Per scaramanzia registrai quelle immagini dalla videocassetta alla musicassetta. Che emozioni riusciva a trasmettere quell'uomo! Il clima era fantastico, il tempo perfetto, avevamo i biglietti per la finale, Christina era con noi e se la stava spassando alla grande. Finalmente stava riuscendo a godersi quell'evento senza creare tante paranoie. Già ad Augsburg io e Rado avevamo colorato le nostre facce di bianco e nero. Il parco Olimpico era già tutto pieno dei colori giallo, nero e bianco, dopo un paio di foto per immortalare l'evento e dopo il mio pressare per entrare ci dirigemmo verso l'entrata. Avevo fretta perché negli ultimi giorni era uscita la notizia che c'erano molti biglietti falsi in circolazione e mi venne un po' di paranoia che potessi avere dei biglietti falsi. Il mio nervosismo era al culmine, per questo esultammo come dei bambini quando ci trovammo all'interno dello stadio mentre andavamo verso i nostri posti assegnati. Tutto il mondo quella sera stava guardando Monaco di Baviera e noi eravamo 3 dei 60 mila spettatori dentro lo stadio e dei 500 milioni di tele-spettatori nel mondo. La partita veniva trasmessa in più di 120 nazioni in diretta ed in altri 80 nazioni in differita. La Juventus, campione in carica, contro la pretendente Borussia Dortmund. Tutto fino a quel momento era andato perfetto. 19.000 biglietti per squadra erano stati venduti ai Club dei tifosi dalla Uefa. I restanti biglietti furono venduti al mercato libero, si arrivò fino a 1300 marchi, oggi circa 800 euro ... questi erano i prezzi dei biglietti al mercato nero!

Sandor Puhl, l'arbitro ungherese premiato per ben tre volte consecutivamente come miglior arbitro dell'anno e che aveva diretto la finale del Mondiale 1994, avrebbe diretto anche questa finale. Per il Dortmund era la partita numero 100 in Europa della loro storia, proprio una partita degna per celebrare quel traguardo. In totale le due squadre si erano incontrate già sette volte nelle Coppe Europee. La Juve aveva vinto cinque volte, il Dortmund una volta ed un solo pareggio. Adesso le due squadre si dovevano contendere la Corona Europea. Ancora non mi stavo rendendo conto di essere presente dal vivo ed ancora di più che Christina fosse al mio fianco. Questa partita sarebbe stata il top tra tutte le partite che mi aspettavano? Quante finali avrei potuto ancora vedere dal vivo? Soprattutto se il Milan fosse stata una delle finaliste! Adesso però per un paio di minuti lasciamo in pace il Milan! A breve toccava alla Juve! I nostri posti erano perfetti, eravamo seduti alla sinistra della tribuna principale, proprio sotto i tifosi della Juve con la vista diretta su quella porta, dove nel primo tempo il portiere tedesco Stefan Klos con le sue parate evitò di fare esultare il popolo juventino. Ad avere la supremazia in campo fu la Juventus, un leggero vantaggio del possesso palla a favore dei Bianconeri. Già al 2' Reuter fece fallo ingenuamente su Jugovic, nel replay sembrava un chiaro fallo di rigore, ma l'arbitro non fischiò il rigore. Solo 4 minuti più tardi Vieri ebbe dopo un passaggio filtrante di Boksic un'altra occasione da goal, ma la palla andò a finire fuori di poco. La partita, a parte questi episodi, non aveva tanto da raccontare nella fase iniziale, nello stadio gli juventini avevano una strana sensazione. Si sentivano solo i tifosi del Borussia. Minuto 28. ... avevo una strana sensazione allo stomaco. La Juve aveva già vinto nel 93 le due finali contro il Dortmund ed anche la semifinale del 95 dopo un pareggio a Torino ed una vittoria per 3-1 in Germania in Champions League. Così contò poco che il Borussia avesse vinto contro la Juve a Torino che già aveva raggiunto la qualificazione per gli ottavi. Cosa sarebbe stato quel giorno tra i 365 giorni dell'anno, se fosse stato proprio quello decisivo per vincere qualcosa! Minuto 28... calcio d'angolo di Möller, Peruzzi respinse non proprio in modo convincente e la palla finì ai piedi di Lampard... Io dissi a Rado...

«Dio, non voglio più guardare,
questo sarà il goal dell'1-0 per il Borussia»

    ... Lampard passò a Riedle che si trovava senza copertura nella piccola area di rigore, stoppo' la palla, partì il tiro e fu goal. Mezzo Olimpiastadion scoppiò di gioia e fu un

173

tripudio di colori gialloneri. Noi ne avevamo già abbastanza! Volevamo vedere tutto, tranne il vantaggio del Dortmund, ma ci sforzammo di non preoccuparci più di tanto. La Juve in fondo era la squadra più forte del mondo all'epoca ed il potenziale dei giocatori era superiore a quello del Borussia Dortmund. C'era più di un'ora di tempo per cambiare il risultato e la nostra arma segreta stava ancora seduta in panchina. Del Piero, che aveva appena finito di curare una lesione muscolare, non era ancora al 100%. Per questo Lippi mise in campo due punte: Vieri e Boksic. La Juventus non sembrava scioccata più di tanto e continuava a fare la sua partita, ma appena 5 minuti dopo, di nuovo dopo un calcio d' angolo, fu nuovamente Riedle a mettere di testa la palla in rete per il 2-0. Io non volevo guardare l'esecuzione di quel calcio d´angolo. Rado non riusciva a credere a quello che stava vedendo e mi disse…

«Questa è la seconda volta che hai previsto un goal. Puoi per cortesia prevedere un goal per la Juve adesso?»

…Prevedere un bel corno! Non avevo pagato 600 marchi per vedere una vittoria del Borussia Dortmund. La Juve conti- nuava a creare situazioni di pericolo davanti alla porta tedesca, ma fino alla fine del primo tempo non successe più niente. A parte un palo preso da Zidane alla Juve mancava quel pizzico di fortuna. Porrini, che aveva un po' di colpe per il goal dell'1-0 venne sostituito durante l'intervallo da Del Piero. Lippi doveva reagire e mettere in campo una terza punta, ma la cosa più tragica era che il Borussia nel primo tempo era sottomessa alla Juve, non aveva avuto una vera occasione da goal eppure stava vincendo per 2-0 per colpa di errori individuali. Il Dortmund da quel momento era impegnato solo a distruggere il gioco della Juve. Zidane non aveva un centimetro di spazio in campo, quello spazio necessario che un campione come lui deve avere per diventare pericoloso per gli avversari o per mettere in luce i propri compagni di squadra. Anche Vieri e Boksic stavano avendo gravi problemi a superare la difesa tedesca composta da Sammer, Kohler e Kree. Poi si presentarono altre due situazioni degne di essere raccontate: una era lo splendido goal di tacco fatto da Alessandro del Piero dopo un passaggio dal lato sinistro di Boksic. Una meraviglia per gli occhi quel goal, che per poco tempo aveva riacceso le speranze degli juventini. L'entusiasmo tra i tifosi italiani sembrava però non riaccendersi... era il 68' e stavo diventando sempre più nervoso. Anche Rado era tesissimo. Christina invece stava seguendo più le persone intorno a lei che la partita. Peruzzi stava troppo lontano dalla propria porta e questo mi innervosiva tanto.

«Peruzzi, vai in porta, vai in porta»
gridavo a squarciagola verso il campo. Ormai non mi riuscivo a stare più seduto e così scesi gli scaloni verso la rete e gridai sempre più forte
«PERUZZI, VAI IN PORTA»

mentre non poche persone mi stavano guardando in modo strano in quel momento...per poi girarsi di nuovo verso la partita... Lars Ricken, che era entrato esattamente 7 secondi prima in campo, riuscì a segnare il goal del 3-1 grazie ad un passaggio da 25 metri di Möller tirando un pallonetto su Peruzzi che si trovava troppo fuori dai pali. Catastrofe per i torinesi! Mi misi le mani sul volto e mi accorsi che tante persone mi stavano guardando. Anche Rado guardandomi incredulo esclamò...

«Questa era la terza rete che avevi previsto»

...Io invece avrei voluto prevedere i numeri della lotteria, ma ormai la partita era andata. La Juve non riuscì più a tornare in partita. Sicuramente la squadra aveva dato tutto il possibile quella sera, ma tutto andò storto. Era l´unica volta che avevo preso a cuore un'altra squadra che non fosse il Milan e così da quel momento decisi di indossare un solo colore nelle Coppe Europee, solo il Rossonero! La storia di questa finale per me alla fine risultò un vero dramma. L' incursione con Sandro fino a Dortmund, le litigate con Christina e quasi 600 Marchi per questa finale. Alla fine dei conti fu solo colpa mia ed a Christina questa partita non fece scattare nemmeno la così tanto desiderata passione per il calcio in quanto, come già detto, lei non seguì la partita, ma solo lo spettacolo sugli spalti. Questo io lo posso anche capire perché quando andai per la prima volta a San Siro rimasi a bocca aperta per ciò che accadeva intorno a me. Per la Juventus comunque non sarebbe stata l´ultima finale in quanto l'anno successivo venne rinforzata un'altra volta la Rosa con altri giocatori giovani e affamati di successi come ad es. il capocannoniere di Bergamo, Filippo Inzaghi ed il centrocampista dell'Ajax Edgar Davids, che già aveva vinto la Champions League, ma che nell' anno successivo non era riuscito a confermarsi nel Milan. Eppure persero di nuovo per 1-0 la finale all' Amsterdam Arena contro un Real Madrid che da più di 31 anni non vinceva più la Coppa dei Campioni. Gli juventini avevano fallito di nuovo! Una finale giocata a grandissimo livello, nessuna delle due squadre era stata realmente superiore all' altra durante i 90 minuti, ma il Real aveva avuto quel guizzo fortunato con Mijatovic segnando il goal partita decisivo. Con questa finale persa terminò la serie di finali della Juventus e sarebbe passato un bel po' di tempo per vedere tornare a giocare un'altra squadra italiana per la conquista della Corona Europea.

… to be continued… Ci incontreremo di nuovo...
nella seconda parte

Sangue rossonero

Un ringraziamento speciale va a Farina Aura,
Wolfgang Glas, Nikola Weigleova, Leonardo Defalco e
Antonio Arcuri, e ad Angela Zagami in Italia,
Mi inchino sinceramente davanti a voi
GRAZIE DI CUORE!

MichelAngelo DiFranco
Gli altri miei libri di questa serie in quattro parti

Disponibile presso la vostra libreria

Edizione originale tedesca, pubblicata nel 2016:
«CUORE AZZURRO, SANGUE ROSSONERO»

2° edizione.
Diviso in due volumi.
Questo è il primo volume della serie di libri in quattro parti
«CUORE AZZURRO»

Informazioni bibliografiche della Biblioteca Nazionale Tedesca:
La Biblioteca Nazionale Tedesca elenca questa pubblicazione nella
Bibliografia Nazionale Tedesca; dati bibliografici dettagliati sono
disponibili su Internet all'indirizzo dnb.dnb.de.
© 2020 MichelAngelo DiFranco
2a edizione

Design della copertina: Nikola Weigleova
Illustrazione di copertina: © MichelAngelo DiFranco
(foto dell'autore)
Casa di produzione editrice: BoD - Books on Demand, Norderstedt
ISBN 978-3-752-61029-1